인간과 소통한 유인원

김성진

도서출판 월인

책머리에

보통 동물학자나 인지심리학자 혹은 유전공학자 아니면 의학자들이 일반적이다. 유인원을 연구하는 사람들 얘기다.

아프리카 현장에서 유인원을 따라다니며 베일에 가려있던 그들의 생태를 알려준 연구자도 있고 유인원에게 컴퓨터를 가르치며 그들의 심리를 연구하는 사람들도 있다. 혹은 인간과 유인원의 소통에 일생을 건 이들도 적지 않다.

침팬지 연구의 달인이 된 제인 구달(Jane Goodall, 1934～)도 그랬다. 보노보나 침팬지 등의 사회적 행동과 갈등해결 방법을 집중적으로 파고들어 세계적 명성을 얻은 프란스 드 발(Frans de Waal, 1948～)도 마찬가지다.

인간의 불치병 치료를 위해 유인원과 동고동락하는 의사나 생명공학자들도 있다. 유인원 연구를 통해 인간의 치매와 에이즈를 치료하려는 거룩한 목적을 지녔다.

그동안 유인원 연구는 자연과학이나 생명과학, 아니면 적어도 인지심리학자들의 몫이었다. 여기 쓴 글은 대부분 유인원에 관한 것이다. 그렇다면 당연히 이 책을 쓴 필자도 자연과학자나 동물학자?

"오, 노!" 필자는 이들과는 멀어도 한참 먼 사람이다. 정치학 전공자이지만 좀 넓게 보면 사회과학자, 더 넓게 아량을 베풀어 주신다면 인문학자에 가깝다고도 할 수 있다. 그런 사람이 유인원에 뛰어들었으니 "무식하면 용감하다"는 비유가 꼭 맞는 것 같다.

그래도 이런 글을 썼으니 몇 마디 변명이라도 늘어놓는 게 자연스럽지 않을까? 굳이 핑계를 대자면 시대의 탓 혹은 시대의 덕택이기도 하다. 21세기를 일컬어 어떤 사람은 컨버전스(융합)의 시대라고도 하고 더러는 통섭이란 개념을 쓰기도 한다.

컨버전스는 본래 디지털 통신기기에서 나온 말인데 이젠 사회적이고 문화적인 시대의 징표가 되어 버렸다. 마치 휴대폰이 이동 전화기에서 카메라, TV, 게임기, MP3에 영화감상, 컴퓨터 · 인터넷에다 차량용 내비게이션 역할까지 하는 만능 기기로 변신한 게 디지털 컨버전스였다.

사회적으로도 전문 분야의 벽이 약속이나 한 듯 무너지고 있는 게 우리 시대의 특징이다. 서로 으르렁거리던 양방과 한방이 협진으로 질병 치료에 나서고 있다. 인문학과 자연과학이 스스럼없이 함께 어울리고 또 함께 공부한다.

게다가 만리장성처럼 높아만 보였던 국경도 무너져 내릴 정도다. 단일민족의 신화를 자랑하던 한국사회는 이미 다민족 사회로 그 뼈대부터 바뀌고 있다. 한 나라에 사는 개인이 지구 반대쪽에 있는 사람과 협력해 새로운 가치 창출을 하는 시대, 그래서 '글로벌 3.0시대'라는 매우 근사해 보이는 표현[1])도 낯설지 않은 시대다.

필자 역시 그동안 글을 써왔지만 이런 시대에 발걸음을 "하나! 둘!" 맞추고 싶었다. 필자에겐 거창하게 인문학과 사회과학, 그리고 자연과학의 벽을 넘어보려는 시도였다. 또한 학술이란 이름 아래 고상하고 어렵기만 한 글이 아니라 이 세상을 살아가는 모든 사람과 소통하는 알차고도 쉬운, 흔히들 '대중적'이라고 말하는 글에 집착해온 것도 같은 맥락이었다.

생물학 무기가 우리 한국 사람들에게 어떤 영향을 미칠까하는 논문에서 시작된 작업은 탄저균을 주제로 한 두 권의 과학소설[2])로 열매를 맺었다. 그 후속편이 국제정치학이라는 다소 어려운 골짜기에 영화를 끌어넣은 건데 그것도 기실 같은 속셈이었다.

그 작업은 세계 곳곳의 국제 분쟁을 기왕에 나왔던 50여 편의 영화로 풀어내려는 도전이었다. 세계화 시대에 지구촌 곳곳에서 일어나고 있는 분쟁을 아는 건 거의 필수적이 아닐까? 그런데 접근이 어려웠으니 해당 지역의 분쟁을 다룬 영화를 미끼로 어려운 주제를 쉽게 풀어보자는 거였다. 비록 대중들의 전폭적 지지는 얻지 못했지만 그 열매를 거두긴 했다.[3])

---

1) 토머스 L. 프리드먼은 이를 세계화 3.0이라 불렀다. 과거 국가나 기업이 주도하던 세계화에 비해 3.0시대에는 개인이 주체가 되었고, 세계는 그래서 평평해졌다고 진단했다. 이에 대해서는 토머스 L. 프리드먼, 김상철 외 역, 『세계는 평평하다』, 창해, 2006.

2) 김성진, 『테러 탄저병』 1·2권, 도서출판 명상, 2001.

그 후속편은 공상과학(SF)영화를 통해 미래의 과학기술을 쉽게 풀어내려 했다. 그 주체의 첫 챕터를 고심 끝에 잡고 보니 떡하니 유인원이 앉아 있었다. ≪혹성 탈출≫이나 ≪킹콩≫ 등 유인원을 주제로 한 영화가 적지 않았던 데다 그들 유인원이 바로 인간 진화의 열쇠를 갖고 있지 않은가?

시작은 좋았는데 난관의 연속이었다. 자연과학, 동물학에 특히나 유인원에 대한 상식도 부족하다는 자책이 더해지면서 지난 몇 년을 유인원과 씨름한 꼴이 되었다. 그래도 싸우다보니 결국 의사소통이란 주제에 관심을 가지게 된 것이다.

유인원과 인간은 언제 처음 만났을까? 서로를 어떻게 생각했을까? 크게 보면 인간과 유인원 간의 의사소통의 문제이기도 하지만 인간의 역사적 인식에 대한 관심이기도 했다. 유인원이 인간을 어떻게 생각했는지 알 도리는 없어도 무척이나 섭섭하고 원망스러웠을 거란 건 느낄 수 있었다.

유인원을 떠 올리며 마음에 품었던 첫 질문들을 되새겨보면 겨우 조금만 대답을 한 부분도 많다. 심지어 그 실마리조차 찾지 못한 것도 적지 않았다. 그래도 용기를 낸 건 흑백차별운동을 통해 세상을 바꾼 마틴 루터 킹(Martin Luther King. Jr., 1929～1968)이 남긴 조언 덕분이었다.

"믿음을 갖고 첫 계단에 올라가라. 계단 전체를 볼 필요는 없다. 그저 첫 계단에 올라가라!"

---

3) 김성진, 『야만의 시대-영화로 읽는 세계 속 분쟁』, 황소자리, 2004. 이 책은 KAIST <독서 마일리지 추천 100권>의 도서에 올라 있다.

유인원의 세계를 다 이해할 수는 결코 없지만 그 첫 계단에 발을 올려놓았다. 그 첫 계단이 바로 이 책이다. 인문학적인 바탕으로 자연과학의 꼭대기에 있는 유인원을 이해해 보려는 작은 시작인 셈이다.

사람들이 유독 책에 대해 등 돌린 것 같은 환경 속에서도 기꺼이 출판을 허락해 주신 도서출판 월인 박성복 사장님께 감사의 말씀을 드리고 싶다. 같은 시대를 살면서 때로는 보이게, 때론 보이지 않게 도움을 주신 모든 은인들께도 감사드린다.

어렵사리 첫 계단에 발을 올릴 때까지 힘든 순간을 함께 걸어왔고 또 걸어갈 친구요 아내이면서 같은 길을 가고 있는 한경민 선생께 사랑을 전한다. 유진 · 유나 그리고 경원 삼남매가 살아갈 다음 세대엔 인간과 유인원이 소통하며 사랑과 기쁨을 함께 나누는 세상이 되기를 간절히 기원해 본다.

2010년 가을 김성진

Contents

프롤로그: "유인원은 사람이다"

지구의 나이는 대략 45억년 정도다. 원시 생명은 20억년 전쯤에 처음 나타났고, 유인원은 약 1,000만 년 전쯤 등장했다고 한다. 최초의 인간이라는 오스트랄로피테쿠스(Australopithecus)는 겨우 300만년 전이었다.

지금 인류의 직접 조상이라는 호모 사피엔스 사피엔스(Homo Sapiens Sapiens)는 3만년 전 등장했다. 숫자놀음으로 보면 인간은 막내 중의 막내다. 그런데 꼴찌가 맏이 된다고 인간은 '만물의 영장'이 되었다.

동물분류법에서는 인간과 가장 가까운 동물을 모아 영장목(Primates)으로 분류한다. 이 말의 어원은 라틴어 '프리마(Prima)'인데 '첫째', 혹은 '최고'라는 뜻이다. 인간을 비롯해 유인원 그리고 원숭이가 모두 여기에 속한다.

유인원과 원숭이는 비슷해 보이지만 다르다. 유인원은 원숭이보다 오히려 더 사람에 가깝다. 겉모습만 봐도 유인원은 꼬리가 없고 지능도 사람에 가깝다. 아프리카에 사는 고릴라 · 침팬지 · 보노보 그리고 아시아에 사는 오랑우탄이 대표적인 유인원이다.

인간과 유인원은 얼마나 비슷할까? 미국 국립보건원(NIH) 산하 인체게놈연구소(NHGRI)는 인간과 침팬지의 유전자 염기서열을 조사한 결과 그 차이가 1.5%에 불과하다고 발표했다. 극히 일부분의 유전자 차이만 있을 뿐이라는 주장이다.

물론 이 결과를 놓고 엎치락뒤치락 공방전이 계속되고 있다. 예컨대 미국 캘리포니아기술연구소(CIT) 생물학자인 브리튼(Roy Britten) 박사의 2002년 보고서는 둘의 차이를 강조했다. 새로운 컴퓨터 프로그램을 통해 유전자를 비교해보니 5%까지 차이가 난다는 것이다.[1)]

이에 반해 미국 디트로이트에 있는 웨인주립대학(WSU)의 굿맨(Morris Goodman) 교수는 2003년 연구 결과에서 오히려 인간과 침팬지는 99.4%로 "거의 같다"고 밝혔다. 그 차이는 불과 0.6%. 과학전문지 『뉴사이언티스트』지는 "침팬지는 인간이라는 점을 시사한다."는[2)] 제목으로 보도하기까지 했다.

이 수치보다 더 중요한 건 유인원의 행동과 의사결정 방식이다. 미국 조지아주립대 심리학과의 브로즈넌(Sarah Brosnan) 교수는 침팬지가 다른 개체와 어떻게 협력하는지를 연구했다. 침팬지를 비롯한 영장류는 인간과 마찬가지로 불공평함 혹은 공정함에 대한 인식이 보편화되어 있음을 확인했다.

1) 2002년 9월 24일자. AP/연합뉴스

2) Jeff Hecht, "Chimps are human, gene study implies", *New Scientist*, 2003년 5월 19일자. 온라인 뉴스 http://www.newscientist.com/article/dn3744

그렇다면 인간이 고도의 문명을 이룩했고 유인원이 그렇지 못했던 이유는 뭘까? 브로즈넌은 인간의 탁월한 언어능력 때문이라고 지적했다.3)

유인원과 원숭이는 정말 하늘과 땅처럼 차이나는 존재지만 이를 헷갈리게 하는 종들 역시 있다. 우리말로 긴팔원숭이(gibbon)는 '무늬'는 원숭이지만 실제론 유인원에 속한다. 바바리 에이프 원숭이(Barbary Ape Monkey)도 그렇다. 이름 속에 유인원(Ape)과 원숭이(Monkey)가 다 들어있어 초기 연구자들의 마음고생이 그대로 드러나 있지만 역시 유인원으로 분류된다.

유인원은 인간에 가장 근접한 동물이면서 인간의 진화를 이해할 수 있는 마지막 존재이기도 하다. 그 유인원이 이제 지구를 영원히 떠나려 한다. 거의 모든 유인원은 지구의 멸종 동물 리스트에 이름을 올려놓고 있다.

유네스코(UNESCO)와 유엔환경계획(UNEP)은 2004년 발표한 성명을 통해 앞으로 50년 안에 이들이 자연에서 사라질 것이라고 경고했다. 도로 건설과 광산 개발이 지금처럼 계속되면 2030년 경엔 현재 아프리카 유인원들이 서식하는 숲의 10%만이 남게 된다.

동남아시아의 열대우림도 나날이 파괴되고 있어 오랑우탄이 살아갈 숲이 없어질 위기다. 유인원은 오로지 동물원에서만 간신히 볼 수 있을 지도 모른다.

---

3) 미국 국립과학재단(NSF)의 온라인 학술지 사이언스 네이션(Science Nation)에 게재. http://www.nsf.gov/news/special_reports/science_nation/index.jsp

왜 이렇게 되었을까? 인간이 '만물의 영장'이라는 신화 위에 쌓아 올린 서구 방식의 문명화 탓이다. 오랫동안 서구화를 문명화로 착각한 끝에 가속도만 밟아대다보니 관성이 붙었고 그 속도는 줄어들 기미조차 보이지 않는다.

서구는 먼저 속도를 냈고 위험성도 먼저 깨달았다. 그래서 환경과 야생동물을 보호하는 것 자체가 바로 인간과 지구를 위한 것임을 알고 있다. 그런데 정작 유인원이 살고 있는 아시아, 아프리카에선 서구보다 한참 뒤에 현대화에 나섰고 지금은 서구를 따라 잡느라 뒤도 돌아보지 않은 채 현대화를 위해 돌진 중이다.

무자비한 개발이 곧 발전이란 과거의 신화에 붙잡혀 있다. 그래서 숲은 기하급수적으로 없어지고 그곳을 집으로 여기던 유인원도 어쩔 수 없는 멸종의 길을 가고 있는 것이다.

과연 유인원이 인간과 접촉한 시점은 언제일까? 그리고 그 둘 사이에 무슨 일이 일어난 걸까? 이런 의문을 염두에 두고 유인원과 인간의 접촉의 역사를 서술해 보았다. 유인원-인간 교류사라는 거대한 제목을 붙일 수도 있을 것이다.

유인원이 인간과 하나의 동등한 존재라는 의미가 더해진다. 이 글이 기왕에 나와 있는 유인원에 대한 진지한 과학적 접근을 보완하면서 대안적인 '인문학적 접근'이 되었으면 한다.

I

인간과 유인원, 만남의 역사

1. 솔로몬이 만난 유인원

서양문명의 정신적 뿌리는 말할 것도 없이 헬레니즘(Hellenism)과 헤브라이즘(Hebraism)이다. 헬레니즘은 알렉산드로스 대왕(재위기간 B.C. 336~B.C. 323)이 건설한 대제국의 공간에서 피어난 사상이다.

<그림 1> 알렉산더 대왕의 흉상

고전 그리스문화와 동방문화가 결합되면서 세상을 움직인 경향, 그래서 인간의 이성을 중시했고 민족적 구별을 넘어 보편적 인간과 세계시민을 지향하는 흐름이었다. 크게 보면 헬레니즘은 고대 그리스 이후 로마에 이르는 사상적 흐름이라 해도 그리 틀리진 않을 것이다.

헤브라이즘은 성서를 바닥에 깔고 있다. 이스라엘 민족과 하느님과의 계약을 중심으로 펼쳐지는 신과 인간의 장대한 스펙터클이다. 헬레니즘의 중심이 인간이었다면 헤브라이즘의 중심은 신이었다.

그리고 마침내 하느님의 아들인 성자 예수 그리스도가 '사람의 아들'이 되어 지상에 내려왔고 십자가에 못 박히면서 헤브라이즘은 극적인 전기를 맞게 된다. 신약의 시대였다. 마침내 헬레니즘의 후계자였던 로마제국은 헤브라이즘의 후계자였던 기독교를 국교로 공인하게 되며 그 완성체가 중세 유럽의 교황권으로 나타났다.

중세를 넘어 근대에 들어서면서 다시 인간의 모습이 전면에 등장한 것은 어쩌면 당연한 역사적 순리였을 것이다. 이 두 흐름은 희비의 쌍곡선을 그려왔지만 여전히 근대 서구 문명의 주춧돌 역할을 톡톡히 하고 있다.

우리의 목적이 1차적으로 서양 문명에서 유인원이 어떻게 비춰진 존재인지를 보는 것인 만큼 헤브라이즘의 뿌리인 구약 성서와 헬레니즘의 밑바탕인 고대 그리스의 신화와 현실 속에서 유인원의 모습을 추적하는 것이 순서일 것 같다.

인간이 영장류에 대해 남긴 첫 기록은 어디였을까? 가장 오래된 기록의 하나인 성서의 창세기를 찾아봐도 유인원 얘기는 없다. 다만 문맥으로 짚어 본다면 유인원은 인간이 창조된 여섯 번째 날, 인간보다 조금 앞서 창조되었을 것으로 미루어 짐작할 수 있을 듯하다.

모든 집짐승과 길짐승, 들짐승이 이날 만들어졌고 이어 "우리

모습을 닮은 사람을 만들자"며 자신의 형상에 따라 인간을 창조한 게 순서다. 그리곤 "자식을 낳고 번성하여 온 땅에 퍼져서 땅을 정복하여라. 바다의 고기와 공중의 새와 땅 위를 돌아다니는 모든 짐승을 부려라!"고 축복했다.1)

인간은 이로써 만물의 영장이 되었지만 유인원은 마치 서자로 태어난 끝에 무시와 차별의 대상으로 전락했던 어린시절의 홍길동이보다 더 못한 신세가 되어 버렸다. 아버지를 아버지로 부르지 못한 것이다. 유인원과 원숭이는 그저 짐승의 한 종류에 파묻혀 있다. 어느 곳에서도 유인원에 대한 얘기는 없다. 아니 찾을 수 없다.

찾는다는 것 자체가 신성모독일 수도 있었다. 원숭이, 유인원, 인간으로 이어지는 기나긴 진화론의 실체는 첨단과학시대인 지

<그림 2> 미켈란젤로의 천지창조 중 아담의 탄생

1) 편집부 편, "창세기 1:26~28", 『공동번역 성서』(개정판), 대한성서공회, 1999.

금도 기독교적 창조론과 불협화음을 드러내고 있는데 그 먼 옛날, 그야말로 과학이 '말발'도 세우지 못하던 시절에야 무슨 말이 필요한가?

비록 창조의 역사인 창세기에선 유인원에 관한 소식을 찾아볼 수 없지만 성서의 구약 전편에선 두 군데에 '원숭이'이라는 표현이 나온다. '열왕기상 10장 22절'과 '역대하 9장 21절' 두 곳이다.

그런데 내용은 꼭 같다. 이스라엘 왕국의 제3대 왕에 오른 솔로몬(재위 B.C. 971~932)이 어느 정도의 영화를 누렸는지 보여주려고 인용했던 대목이다.

"또 왕실 상선대는 후람의 일꾼들과 함께 다르싯으로 갔다가 3년 만에 금, 은, 상아, 원숭이, 공작새들을 실어오곤 했다."(역대하) "또 왕은 다르싯 상선대를 조직하여 히람 상선대와 함께 해상무역에 종사토록 하였다. 다르싯 상선대로 금, 은, 상아, 원숭이, 공작새 등을 해외에서 한번 실어오는데 3년이 걸렸다."[2)]

왕실 상선대는 당연히 솔로몬 왕의 수하들이다. 이들이 어디론가 가서 금과 은, 상아, 원숭이와 공작새 등을 상선에 실어왔다는 것이다. 그만큼 솔로몬 치하의 이스라엘이 번영했다는 의미다. 상선들이 갔다 온 곳은 어딜까? 그것이 첫 단서다. 문장의 흐름으로 보면 '다르싯'이란 곳인데 아쉽게도 그곳이 지금 어디인지 알 도리가 없다.

---

2) 위의 책, "열왕기상"

다만 가져온 물품을 보건대 금과 은은 그렇다 치더라도 상아와 원숭이, 공작새를 한꺼번에 구할 수 있는 가장 이상적인 곳은 인도일 가능성이 제기된다. 오래전부터 사람들과 친숙했고 애완용으로 길들이기도 쉬웠던 인도 산 원숭이일 가능성이 높다. 그렇다면 붉은 털 원숭이(Rhesus Monkey)나 붉은 얼굴원숭이(red-faced monkey)일 게 틀림없다.

우리와 사정이 비슷한 일본의 개역 성서(1955년판)에서는 아예 원숭이를 빼고 공작을 넣었다. 이 성서구절은 조류학자들의 비상한 관심을 끌었다. 솔로몬 시대에 이미 인도에서 팔레스타인에 이르는 교역로가 열려 있으며 이 길을 따라 공작이 팔레스타인을 건너 유럽으로 전래되었고 주장했던 학실의 주요 근거로 이 성서구절이 즐겨 사용되었다.

우리말 번역본엔 원숭이와 공작이 다른 품목으로 구성되어 있는데 일본 성서는 왜 그랬을까? 의문이 꼬리를 문다. 이번엔 영어 성서를 찾아봤다. 더 혼란스러워졌다. 'English Standard Version'[3]에선 유인원과 함께 공작(peacocks)이 들어 있지만 'King James' 번역본[4]에서는 공작이 빠진 자리에 원숭이(monkeys)가 들어있다. 일본어 번역본도 여러 정황을 매우 세심하게 고려해 수정했던 게 틀림없다. 더욱이 일부 영어 성서에선 'monkeys' 대신 대단히 구체적으로 '개코 원숭이(baboons)'로 번역한 곳도 있다. 공작과 원숭이가 교대로 있다 없다 하는 모양새다.

3) *The Holy Bible: English Standard Version*, Crossway Bibles, 2003.
4) *The Holy Bible: King James Version*, Kindle, 2009.

더욱 놀라운 사실은 유인원도 번역본에 따라서 심심찮게 주인공으로 등장하고 있는 것이다. 영어 성서에선 기본적으로 유인원을 뜻하는 'apes'가 들어있는 번역본도 있는 데다 아예 유인원, 원숭이가 동시에 수록된 번역 성서도 있다. 이 때문에 원숭이가 아니라 유인원이 당시 이스라엘에 유입되었고 그게 '침팬지'일 가능성이 높다는 주장도 있지만 확실하진 않다.

히브리어를 독일어로 번역한 마르틴 부버(Martin Buber, 1878~1965)의 판본도 여전히 명백하지 않다. 독일어 번역본에서는 'affen'으로 등장한다. 이는 유인원이란 뜻도 있지만 원숭이로도 번역할 수 있다.

왜 이럴까? 우선 히브리 시대 원본을 필사하면서 오류가 생기기 시작했다는 것이다. 활자처럼 찍어내던 시기가 아니었으니 베껴 쓰면서 잘못 쓸 수도 있지 않았을까? 게다가 히브리어 어휘가 오랜 세월을 지나면서 수정되었고 또 자음을 연결하는 방식, 글자를 쓰는 도구에 이르기까지 변화가 불가피했지만 오리지널을 비교해 볼 다른 문헌조차 남은 게 없다. 이 시대의 유일한 기록물이 구약 성서니 맞고 틀리는 기준이 없어 제각각 해석이 가능해진 거다.

다만 확실한 것은 성서학자 대부분이 공작, 원숭이, 유인원의 혼선이 있다는 사실은 인정하고 있다는 정도다. 예컨대 '공작'으로 번역된 본래의 히브리어는 '원숭이'를 의미하기도 한다는 것이다.

공작은 이미 고대 시대에 진기한 선물로 공전의 인기를 누렸다는 점에서 원숭이와 관계없이 상선대의 수입 목록에 자리를 차지했을 가능성이 크기 때문이다. 이미 아시리아에서는 B.C. 7~8세기에 공작이 공물로 쓰이고 있었다는 기록이 남아있으니 솔로몬 왕 시대에도 그랬을 것이다. 아름답고 영화로운 공작은 솔로몬 왕의 영화를 드러내는 새로서 그 왕궁의 정원에서 사육되었을 것으로 역사가들은 생각하고 있다.

다르싯이 동쪽이 아니라 정반대 방향인 현재 스페인 쪽의 지명이라는 또 다른 가설도 제기된 바 있다. 스페인을 비롯한 유럽 지역에선 원숭이가 본래 서식하지 않기 때문에 단서를 찾을 수 있는 곳은 지중해가 시작되는 스페인과 북아프리카 사이의 지브롤터 해협이다.

지중해 입구가 너무도 가까워 마치 호리병의 주둥이처럼 되어 있는 곳. 당연히 전략 요충지니 '해가 지지 않는 나라' 영국이 무리수를 두면서까지 차지했던 바로 그곳이다. 이곳은 유럽대륙과 아프리카 대륙이 엎어지면 코 닿을 듯 가까운 곳이다.

지리적으로 아프리카가 유럽의 이베리아 반도와 가까우니 북아프리카의 알제리와 모로코 등지에 서식하는 바바리 에이프 원숭이(Barbary Ape Monkey)가 유입되었을 수도 있다. 수입상을 통해 관상용으로 구입했든 아니면 배에 싣고 다니다 이베리아 반도에서 달아났을 수도 있을 것이다.

만약 그 유입 종이 바바리 에이프 원숭이라면 문제는 복잡해진다. 이 종은 유인원과 원숭이란 이름이 다 들어 있지만 실제로는 유인원이다. 몸길이 약 60cm이며 꼬리도 2cm 정도로 없진 않지만 당당히 유인원이다.

솔로몬의 상선이 스페인으로 갔다면 그들이 가져온 것은 필시 '바바리 에이프 원숭이'일 거고 원숭이로 기록했든 유인원으로 기록했든 그리 틀린 것은 아니라 할 수 있다. 그리고 솔로몬의 왕궁에 길러진 건 틀림없이 유인원이다.

다르싯이 지명이 아니라 배의 형태를 말한다는 학설도 나와 있다. 그렇다면 가장 설득력 있는 가설은 이 선단이 홍해를 건너 아라비아 남단 부근으로 갔다 왔을 가능성이다. 영어의 일부 성서에서 개코 원숭이(baboons)라는 번역이 그 근거가 된다. 개코 원숭이는 비비라고도 부르는 종으로 이스라엘에 인접한 이집트에서 이미 고대왕조 시대에 사육되고 있었다. 따라서 아라비아 지역에서 원숭이를 구했다면 그것은 개코 원숭이다. 몸길이 70~140cm, 꼬리길이 55~70cm이다. 몸무게는 수컷 20~40kg 이며 암컷의 몸무게는 수컷의 약 절반가량이다.

그렇다면 왜 이런 혼란이 생겼을까? 사실 이 정도는 당연하다 싶기도 하다. '열왕기상'의 원본은 대체로 B.C. 561~538 사이의 사료가 들어 있고 그 이후 시기의 기록은 없다. '역대하'는 B.C. 5세기 후반부의 시대 상황에 해당되는 문체와 형식을 가지고 있다는 점에서 열왕기와 같거나 아니면 그 직후 시기의 기록일 가능성이 높다.

솔로몬 왕이 살았던 시대를 기록한 시기는 정작 그로부터 약 400년 이후인 것이다. 지금도 400년 전의 기록을 읽어 간다는 게 어려운데 문자나 전승의 기록이 잘 보존되지 못했을 게 틀림없는 당시 정황을 고려하면 혼선이 없는 게 더 이상한 일이다.

더욱이 우리가 알고 있는 가장 오래된 성서는 1947년 쿰란 동굴에서 발견된 사해(死海)두루마리. 최종 연구결과 이 두루마리는 B.C. 2세기경에 필사된 것으로 분석되고 있다. 게다가 우리가 지금 쓰고 있는 따라서 우리가 참고했던 구약성서는 사해 두루마리보다 훨씬 후대의 것이다. 그러니 필사해 전승하는 과정에서 필연적으로 문제 발생 소지가 다분하다. 사해 두루마리는 2001년 옥스퍼드 대학교 출판부에서 37권의 책으로 겨우 간행되었다.

이런 연유로 우리는 솔로몬의 왕궁에 도착했던 존재가 유인원인지, 원숭이인지 또는 이들이 아니라 공작만 있었는지를 정확히 밝혀낼 수 없었다. 그러나 중요한 사실은 기독교 학자들 스스로 이들의 존재에 그리 신경을 쓰지 않았다는 점이다.

우선 유럽 대륙에 이들 종이 서식하지도 않아 관심을 보일 수도 없었을 것이다. 게다가 혹 있더라도 헤브라이즘의 거대한 소용돌이 속에서 유인원이나 원숭이는 사람을 닮았다는 점에서 결코 언급해선 안 될 금기일 수도 있었다. 중세 유럽 사회에서 유인원이나 원숭이에 대한 객관적 기록이 거의 없는 반면 성서를 보완하는 우화적 요소로만 사용된 이유라고 할 수 있다.

2. 아리스토텔레스가 만난 유인원

헤브라이즘과는 달리 헬레니즘의 원천이라 할 고대 그리스 시대엔 인간과 유인원의 관계를 대단히 구체적으로 연결할 수 있었다. 서구 문명의 뿌리에선 헬레니즘 세계에서만 유인원이 인간의 동생이 될 수 있었다. 그리스 신화라는 독특한 배경이 사람과 유인원을 구조적으로 연결시킬 수 있게 만든 것이다.

그리스 신화에선 신과 인간, 인간과 동물 사이에 태어난 존재들이 적지 않다. 물론 신화에서 이들 대부분은 괴물로 그려지고 있는데 그 대표적 존재가 켄타우로스(Kentauros), 그리고 미노타우로스(Minotauros)이다. 켄타우로스는 라피테스족의 왕 익시온(Ixion)이 헤라 여신과 흡사한 모습의 구름과 정을 통해 낳은 족속으로 반인반마(半人半馬)의 모습이다.

켄타우로스 중 가장 유명한 스타는 케이론(Cheiron)이다. 아폴론과 아르테미스에게서 교육을 받았고, 수렵, 의술, 음악, 예언술에 능하기로 유명했다. 그리스의 옛 이야기의 위대한 주인공들인 헤라클레스, 아스클레피오스, 이아손, 디오스쿠로이 등은 모두 케이론의 제자다.

특히 아스클레피오스의 아버지는 아폴론인데 그는 케이론의 능력을 높이 평가해 아들의 개인교사가 되어줄 것을 특별히 부탁하기도 했다. 켄타우로스의 모습은 조언 롤링(Joan K. Rowling)의 해리포터(Harry Potter) 시리즈에도 계속 나올 정도로 여전히 서구인에게 큰 영향을 미치고 있다.

<그림 3> 케이론 석상

미노타우로스는 머리는 황소요 몸은 사람으로 신의 저주를 받은 존재다. 제우스의 동생이며 해신(海神)인 포세이돈(Poseidon)은 크레타의 왕 미노스(Minos)가 황소를 자신에게 받치지 않자 미노스의 부인 파시파로 하여금 황소를 사랑하게 만든 벌을 내렸다. 황소와 파시타 사이에 태어난 자식이 바로 미노타우로스이다.

그리스 신화에서 자주 등장하는 신과 인간, 인간과 동물 사이에서 태어난 존재는 그리스 인들에게 그리 낯설지 않았고 당연히 동물학자들에게도 영향을 끼쳤다. 유인원이나 원숭이들은 바로 인간과 네발로 걸어 다니는 동물과의 중간에 있는 존재로 본 그리스 학자들의 태도는 지극히 자연스러웠다.

그리스의 동물학자 중에서 가장 괄목할 만한 업적을 남긴 석학은 철학자로도 이름 높은 아리스토텔레스(Aristoteles, B.C. 384~322)이다. 무려 500여 종류의 동물에 관한 체계적 연구 성과가 『동물지(Historia Animalium)』에 실려 있다. 물론 그의 관점은 인간과 유인원·원숭이가 공통의 조상에서 갈라져 진화했다는 진화론적 관점은 당연히 아니다. 주로 동물의 형태와 구조를 연구하는 동물형태학(Animal Morphology)의 성격을 띠고 있다.

이 책의 8장부터 유인원에 대한 설명이 시작된다. 아리스토텔레스는 인간과 유인원 그리고 원숭이 차이를 너무도 명확히 이해했다. 내용을 그대로 옮겨보자.

"동물 중 일부는 인간과 네발짐승의 속성을 공유하고 있는데 유인원, 원숭이 그리고 개코 원숭이가 바로 그들이다. 원숭이는 꼬리가 있는 유인원이다. 개코 원숭이는 형태로는 유인원을 닮았고 더 크고 강하기도 하다. 얼굴 모습은 개를 더 닮았고 대단히 사나우며 이빨도 개를 닮아 매우 강하다."5)

<그림 4> 아리스토텔레스

5) Aristotle, William Ogle(trans.), *Historia Animalium*(동물지는 William Ogle의 영역본이 인터넷 http://www. non-contradiction.com/ac_works_b21.asp에 전문 게재되어 있어 누구나 영어로 읽을 수 있다.)

더군다나 유인원이 사람과 비슷하다는 점도 정확히 지적하고 있다. "유인원은 네발동물의 속성을 간직하고 있지만 얼굴은 여러 측면에서 사람을 닮았는데, 코와 귀, 인간과 거의 비슷한 이빨을 가지고 있다."고 했다.

특히 아리스토텔레스가 유의해 본 것은 눈이었다. "모든 네발동물은 속눈썹이 없는 데 비해 유인원들은 (사람처럼 속눈썹을) 가지고 있다."고 했다. 더군다나 "유인원은 가슴이 빈약하게 발전하긴 했지만 두개의 젖꼭지를 가지고 있으며 사람과 같은 팔과 머리를 가지고 있고 다리도 사람처럼 굽힌다고 했다. 손과 발, 손톱, 발톱 역시 사람과 거의 같으며 다만 사람보다는 좀 더 사납게 생긴 게 다르다고 했다.

특이한 설명 중의 하나는 암컷 유인원은 사람과 비슷하지만 수컷은 오히려 개와 닮았다고 한 부분이다. 글쎄, 왜 그랬을까? 수컷의 야수성을 강조하긴 했지만 아마도 남성중심의 여성비하 의식이 아리스토텔레스의 머리에 잔뜩 들어있던 것은 아니었을까? 여성이 오히려 유인원과 닮아있는 데 비해 남성은 그렇지 않다는 게 아리스토텔레스의 생각이라면 이는 당시 남성 우위의 사회분위기가 그대로 반영된 서술이 틀림없다.

아리스토텔레스는 결론적으로 유인원이 형태적으로는 인간과 네발짐승의 중간형이라는 결론을 내린다. 따라서 인간도 네발짐승도 아니라는 거다. 유인원은 마치 그리스 신화의 중간적 존재처럼 인간과 네발짐승의 중간자임을 강조했다.

3. 갈레노스가 만난 유인원

로마의 전성시대에 유인원과 관련된 대표적 인물은 갈레노스(Claudios Galenos, 130~200)이다. 아리스토텔레스보다 훨씬 후대에 살았지만 현대 해부학의 기초를 놓은 것으로 평가받고 있는 인물이다.

의학의 창시자라 불리는 히포크라테스(Hippocrates, B.C. 470~B.C. 410)를 무척이나 존경했던 인물이지만 플라톤(Platon, B.C. 427~B.C. 347), 아리스토텔레스(Aristoteles, B.C. 384~B.C. 322)를 추종했던 진보적 철학자이기도 하다.

의학, 병리학, 약학, 해부학을 자신의 경험과 견해로 종합해 의학 발전에 심대한 영향을 미쳤다. 그는 무려 5백여 권의 저서를 남겼고 지금도 'galenic'이란 형용사는 '본초학'이라는 뜻의 형용사인데 갈레노스에서 유래했다.

갈레노스는 실험을 통해 동맥이 피를 운반한다는 사실을 최초로 밝혀냈으며 지능은 뇌의 기능이라는 사실도 알아냈다. 페르가뭄(Pergamum)에서 131년에 태어나 아리스토텔레스를 추종해 철학을 공부했으며 17세의 나이에 의학을 공부하기 시작했다.

그리스, 팔레스타인을 두루 여행한 후 알렉산드리아(현 이집트)에 병원을 세웠고 당대 명의의 반열에 올랐다. 그 후 고향인 페르가뭄에 돌아와 그곳에 있던 아스클레피오스 경기장에서 검투사(글래디 에이터)를 돌보기도 했다.

그 후 명성에 걸맞게 로마로 들어가 마르쿠스 아우렐리우스 황제와 그의 아들 코모두스 황제의 어의를 지내기도 했다. 바로 영화 ≪글래디 에이터≫의 무대가 된 시대다. 로마에서도 그는 검투사를 치료하는 일을 하기도 했다고 한다.

그는 해부학의 시조답게 수많은 동물 해부를 했는데 그 목록에 바바리 에이프 원숭이가 들어있다. 이는 갈레노스 시대에 그리스를 비롯한 유럽 일원에서 바바리 에이프 원숭이를 보기 힘들지 않았다는 뜻이 아니겠는가.

<그림 5> 갈레노스

안타깝게도 이 바바리 에이프 원숭이에 대한 구체적 언급은 찾기 힘들다. 어쩌면 그런 기록이 남겨진 것만 해도 기적에 가깝다고 할 수 있다. 갈레노스가 남긴 저작들은 그의 사후 일부가 필사되어 보관되어 오다 기원 후 500년 경 알렉산드리아에서 의학을 공부하는 학생들을 위해 교재로 편찬되었다고 한다.

특히 그 중요성이 부각되면서 비잔틴 제국의 중요한 교재로 활용되었고 850년엔 당시 바그다드에 있던 아랍 의사 후나인 이븐 이샤크(Hunayn Ibn Ishaq, 808～873)가 갈레노스의 저작을 129권으로 번역 간행해 아랍세계에도 심대한 영향을 미쳤다.

<그림 6> 후나인 이븐 이샤크

이븐 이샤크는 그리스의 문화를 아랍세계 뿐만 아니라 다시 유럽에 전해준 막중한 역할을 했던 공로자이다. 라틴어로는 요하니티우스(Johannitius)로 불리기도 했던 그는 갈레노스 뿐만 아니라 플라톤, 아리스토텔레스, 히포크라테스 등 그리스 철학자, 과학자들의 사상과 문화를 아랍으로 전수해준 1등 공신이었다.

바그다드에서 의학을 공부했던 그는 아랍세계에 살았지만 네스토리우스파[6] 기독교도였던 인물이다. 사실 중세 유럽에서는 갈레노스를 거의 잊어버리고 있었다. 그러다 기사계급을 중심으로 한 서유럽 연합군이 십자군 원정을 하면서 아랍 세계의 높은 의학 수준에 깜짝 놀랐다고 한다.

---

6) 네스토리우스교(Nestorian)는 에페소스 공의회(431)와 칼케돈 공의회(451)에서 이단으로 파문된 네스토리우스 주교의 가르침을 따르는 종파. 박해를 피해 동방으로 거점을 옮겼다. 지금도 약 17만 명의 네스토리우스 교도들이 이라크, 시리아 및 이란에 살며 그 명맥을 잇고 있다.

알고 봤더니 갈레노스 등의 서양 고대 명저들이 후나인 등을 통해 아랍어로 번역되어 광범위하게 적용되어 발전된 탓이었다. 그래서 십자군을 통해 습득된 아랍어 번역본이 다시 라틴어로 번역되는 촌극이 벌어지기도 했다고 한다.

갈레노스의 저작을 비롯한 이 시대의 찬란한 그리스·로마 문화는 바로 알렉산드리아 도서관에 보관되어 있고 그 기록물이 아랍세계로 건너가 꽃피운 뒤 유럽으로 역수입된 것은 역사의 아이러니라 할 만하다. 이러한 것들이 결국은 과학혁명을 만들어내게 된 뿌리였던 것이다.

4. 마야인들이 만난 '숲의 사람들'

마야문명은 중남미 아메리카 일대에 걸쳐 있었다. 마야인은 B.C. 8,000~B.C. 2,000년 사이에 정주하기 시작했다. 그러나 마야문명이 발원한 것은 기원 후 300년경이라고 한다. 그래서 마야문명을 유럽의 시대구분인 중세나 근대 개념으로 구분할 수도 없다. 다만 굳이 마야문명을 여기에서 언급한 것은 바로 그들의 전승 신화집인 『포폴 부 Popol Vuh』[7] 때문이다.

---

7) Lewis Spence(trans.), *The Popol Vuh-The Mythic and Heroic Sagas of the Kichés of Central America*, London: David Nutt, 1908/ or 인터넷 사이트 www.sacred-texts.com/nam/maya/pvgm에 전문이 수록되어 있다.

『포폴 부』는 멕시코와 국경을 접하고 있는 과테말라에 살던 퀴체(Quiche)족의 전승 기록이다. 이들의 중심지는 과테말라 북동쪽의 열대우림 지역인 티칼 호수 주변이다. 이곳에 풍부했던 철광석을 채취해 일찍부터 강력한 철기로 무장해 한때 강성한 나라를 이루기도 했다.

<그림 7> 『포폴 부』 영역판

티칼 주변 정글 속에는 아직도 베일에 싸인 수많은 유적지들이 남아 있는데 그 숫자는 무려 4,000개에 달한다. 상당수 탐사도 되지 않았다. 그저 하늘에 제사를 지낸 제단이나 별자리를 관측했던 곳이라고 추정해 보지만 실체적 진실은 여전히 베일에 쌓여있다.

그러나 그들은 놀랍게도 전승 신화집인 『포폴 부』를 후대에 기록으로 남겼다. 물론 그 원본이 언제 누구에 의해 기록되었는지 지금으로선 알 순 없다. 다만 현재 전해지고 있는 『포폴 부』는 대체로 16세기에 기록되었고 또 발견되었다는 게 정설이다.

스페인이 1523년부터 중남미를 집어 삼키면서 침공하자 퀴체의 지식인들은 절체절명의 위기의식을 느꼈다. 주술사들은 마야의 멸망이 다가왔다는 예언을 했을지도 모른다. 그들은 퀴체 족의 존재를 기록으로라도 남겨두고 싶어 했을 테고 내로라하는 지식인들이 방대한 구전을 기록했을 것이다. 원본이나 원본 필사본을 토대로 새로운 이야기를 보태었을 수도 있다. 어쨌든 그 전의 기록은 없지만 구전 기록본이 16세기에 발견되어 지금까지 전해지고 있다.

『포폴 부』에서 우리의 관심은 과연 퀴체족이 인간과 유인원·원숭이 등을 어떤 관계에서 바라보았을까 하는 것이다. 이 신화를 꼼꼼히 읽어보면 다른 문명의 신화와 마찬가지로 등장하는 신들의 숫자도 적지 않은 데다 스토리도 꽤나 복잡하다.

우리의 주제를 명확하게 하기 위해 줄거리만 간추리자. 신은 완벽한 인간을 만들어 내려고 노심초사했다. 신들은 나무를 깎아 시제품(試製品)을 만들었는데 아무리 신이라고 해도 첫 술부터 배부를 수는 없는 법. 몇 번의 시행착오를 거쳐야 했다.

옹기장이들은 가마에서 정성 들여 구워낸 도자기에 조금의 흠이라도 있을라치면 망치로 산산조각을 내버린다. 거장의 면모다. 그런데 신들은 그리 매정하질 못했었나 보다. 그 제품이 도자기가 아니라 바로 생명이지 않는가. 그래서 그들도 그냥 놔두었던 게다. 그 후손이 바로 원숭이로 표현되어 있다. 그래서 마야인들은 원숭이들을 '숲의 사람(the men of wood)'으로 부르기 시작했다는 것이다.8)

성서의 창세기에 비하면 마야문명에서 유인원이나 원숭이의 위상은 꽤나 높다. 그들의 눈에 이들은 인간과 4촌 정도의 촌수

---

8) 남미에서 발견된 유인원은 아직 없다. 고대에 유인원이 살았으나 멸종했는지, 아니면 처음부터 유인원이 유입되지 않고 원숭이만 살았는지는 확실치 않다.

를 가진 것이었으니 인간과 전혀 구조적 관계를 배제했던 성서보단 훨씬 높아졌다. 마야의 신들이 만족하기만 했다면 이들조차 실제로 인간이 될 수도 있었다.

신화란 지역을 불문하고서도 그 유래가 참으로 비슷한 구석이 많다는 것은 이 퀴체족 전승신화에도 예외가 아닌 것 같다. '노아의 홍수'로 널리 알려진 대 홍수 설화는 퀴체족 전승신화에도 등장하기도 한다. 게다가 그 지역의 자연환경을 절대적으로 반영하는 것 같기도 하다.

예컨대 퀴체 족의 문명은 나무가 빽빽이 우거진 삼림 속이었으니 신들이 생명을 창조할 때에도 나무를 깎아서 만들었던 게다. 성서에서처럼 흙을 쓰지 않았던 까닭이다.

대홍수도 있고 나무를 깎아 생명을 창조했다는 얘기는 놀랍게도 중국 서남지역의 나시족(納西族)의 신화에도 판박이처럼 나온다. 나시족의 일파인 머서족(摩梭族)의 『춰쯔루이지(銼治路一苴)』의 내용도 그렇다.

옛날에 3형제 머서족 가족이 농사를 짓고 살았는데 소를 몰아 밭을 갈기만 하면 다음날 땅이 다시 원상태로 평평해져 있었다고 한다. 알고 봤더니 청개구리 한 마리가 밤새 그렇게 만들었다는 게다. 형제간에 이 청개구리를 죽이자, 살리자 한참이나 옥신각신하다보니 청개구리가 이렇게 말했다고 한다. "이제 곧 대홍수가 날 테니 땅을 갈아서 무엇 하리오?"

첫째와 둘째는 이 말을 무시했지만 막내는 이 말을 곧이곧대로 들었고 소가죽으로 자루를 만들어 큰 나무의 꼭대기에 올라

갔다. 이 막내 이름이 춰쯔루이지였다.

실제로 대홍수가 일어나 막내만 살아남았는데 자루에서 나와 보니 살아있는 존재란 보이지 않았다. 그러다 어떤 동굴 속에서 흰 수염 노인을 만났는데 막내가 그간의 사정을 말하자 7년을 기다리면 짝이 될 사람을 만들어 주겠다고 했다. 막내가 너무 길다고 하소연하자 그 기간은 7개월로 줄어들었다. 노인은 나무(杜鵑木 · 山茶木)로 사람(木人)을 만들어 땅 속에 묻고는 가버렸는데 조급함에 지친 막내가 7개월도 되기 전에 목인을 꺼내자 말도 못하고 걷지도 못했다는 것이다.

마야인이나 머서인 모두 생명의 창조 재료를 나무라고 쓴 것은 그들이 살던 삼림의 위대함을 반영한 듯싶다. 자연환경이 신화의 배경으로 들어간 게 틀림없다. 유독 마야인들이 원숭이나 유인원에 대해 전례 없이 각별한 인식을 하게 된 계기도 마찬가지다. 원숭이나 유인원을 생활 주변에서 볼 수 있었고 친숙한 존재였었기 때문이다.

그런 점을 전제로 하더라도 마야인들의 시각은 탁월하다. 찰스 다윈 이후 진화론의 큰 흐름에서 본다면 원숭이, 유인원, 인간이 언젠가 같은 계통에서 갈라져 나왔음을 우회적으로 표현하고 있다는 생각에까지 미친다. 마야 문명이 다른 문명에 못지않은 높은 수준을 가지고 있었다는 점을 그들의 유인원 · 원숭이에 대한 인식에서도 충분히 읽을 수 있다고 해도 그리 큰 과오는 아닌 듯하다.

5. 중세인들이 만난 유인원

인간과 유인원간의 상관관계는 로마가 기독교를 국교로 받아들이는 순간부터 금기시되기 시작했다. 아리스토텔레스가 『동물지』에서 시도했던 인간과 네발짐승 사이의 중간단계라는 진보적인 언급은 더 이상 있을 수 없는 신성모독이 되었다.

로마 제국이 기독교를 국교로 받아들이는 결단을 내린 주인공은 콘스탄티누스 황제(Constantinus I, 274～337)였다. 그는 밀라노 칙령(313년)을 공표해 기독교 박해 세력에서 옹호자로 거듭났다.

기독교가 처음부터 일사불란하게 움직인 것은 물론 아니다. 교리 논쟁이 정통과 이단의 정치 격변으로 치닫기도 했으며 무력 대결로 확산되기도 했다. 논쟁은 여러 가지였지만 그 핵심은 예수 그리스도의 지위와 관련된 것이다.

아타나시우스(Athanasius, 295～373)를 중심으로 했던 세력은 하느님(성부)과 예수 그리스도(성자) 그리고 성령을 다른 격의 하나의 존재 즉 삼위일체설을 주장했다. 그러나 아리우스(Arius, 250?～336?)는 그렇지 않았다. 그는 하느님인 성부와 달리 아들인 성자와 성령은 그 하위개념이며 따라서 유한한 존재로 신성을 부여할 수 없다는 입장이었다.

삼위일체가 아니라 '삼위 불일체'였다. 아타나시우스파에서는 아리우스파의 주장이 결국은 예수의 신성을 인정하지 않는 유태교 교리와 별로 다르지 않다는 판단을 했고 아리우스 세력을 이

단으로 몰기 시작했다.

혼란이 심해지자 결국 콘스탄티누스 황제는 325년 니케아 공의회를 열어 문제 해결을 시도했다. 아타나시우스파의 학설을 정통으로 공인하고선 아리우스의 견해를 이단으로 단정, 그를 파문한 것은 널리 알려진 사실이다.

물론 그것으로 끝난 것은 아니지만 정통 기독교 교리는 자리를 잡았고 교회는 서서히 유럽 최고의 권력 실세가 되었다. 중세의 유럽은 교황의 권위 아래에 들어갔고 어떤 세속적인 왕도 교황의 허락 없인 왕이 될 수 없을 정도였다.

기독교 세계에서 인간은 만물의 영장이었고 유인원이나 원숭이가 끼어들 틈은 거의 없었다. 유인원은 기껏 야수로 묘사되었고 원숭이는 나태와 환락의 상징으로 묘사되어 그저 인간에게 경종을 울리는 구실을 할 수밖에 없었다.

그나마 중세의 일반 민중들이 접할 수 있었던 것은 바로 종교 우화집이었다. 기독교적 분위기로 채색된 중세 유럽에서 이 '동물 우화집'은 중세의 유럽에서 유인원을 어떻게 보았는지 알 수 있게 해 준 유일한 참고자료라고 할 수도 있다.

종교적인 색채의 동물우화가 중세에서 성행했지만 그 기원을 따지면 기원후 200년경으로 소급될 수 있다고 한다. 물론 이 책은 알렉산드리아에서 '피지올로구스(Physiologus)'란 저자가 저술한 것으로 알려져 있다. 물론 본명은 아니다. '피지올로구스'란 말의 뜻을 풀어보면 원래 '자연을 잘 아는 사람'이다. 자연 혹은 동물의 전문가를 뜻하는 말이니 필시 익명의 저자를 지칭하는 것으로 여러 명의 저자들이 시대를 초월해 엮어낸 것일 가능성이 높다.

서양 중세의 기독교 우화집은 여기에 기초해 종교적 색깔을 입힌 것이다. 성서를 제외하고는 이 시대에 가장 널리 읽혀진 책으로도 유명하다. 사실 중세엔 워낙 책이 귀한 상태라 일반인들이 책 구입은 엄두를 낼 수 조차 없었으니 아마도 교회에서 이를 빌려주었을 가능성이 높지 않았을까?

최초의 우화집엔 50종류의 동물이 묘사되었는데 그 뒤에 동물 수도 더해졌고 도덕적 교훈도 당연히 첨가되었다. 각 장의 첫머리엔 성서 구절이 나오며 그 뒤에 '피지올로구스는 이렇게 설명하였다'는 식의 서술이 덧붙여졌다.

중세에 들어오면서 동물 우화집은 훨씬 더 풍부해진다. 7세기경 스페인 출신인 세비야의 성 이시돌(St. Isidore of Seville, 560~636)[9]의 영향이 워낙 컸기 때문이다. 성 이시돌은 세계 최초의 백과사전이랄 수 있는 『에티몰로지아(Etymologiae)』를 펴냈는데 이 방대한 저작물이 우화집 작가들에게 직접 영향을 주었다.

의학, 역사, 신학, 문학, 농업, 전쟁, 광물학 등 각 분야에 걸쳐 모두 20권에 달할 정도의 걸작이었다. 그는 요즈음 용어로 얘기하면 지식 데이터베이스 구축에 일생을 헌신했고 그런 연유

---

9) 지금 스페인의 세비야에서 3년 이상 주교로 활동하며 역사가로 활동했던 인물이다. 현재의 스페인과 포르투갈을 합한 이베리아 반도의 중세역사는 모두 성 이시돌의 저술에 의존하고 있을 정도이다.

로 구미 기독교계에선 그를 인터넷 수호성인으로 여기고 있을 정도이다.

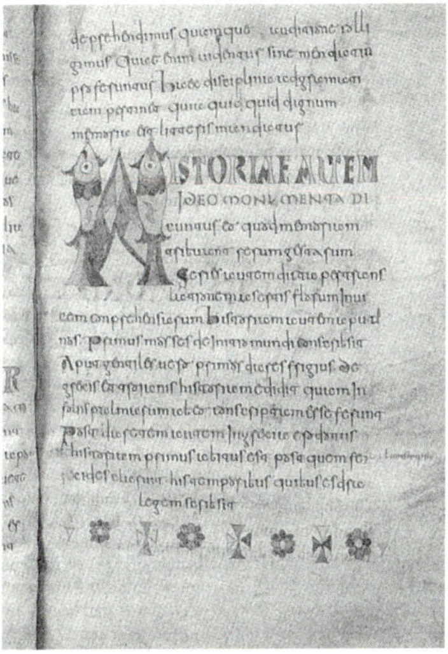

<그림 8> 성 이시돌이 저술한 『에티몰로지아』의 한 페이지

성 이시돌의 영향으로 유럽 각지에서 중세시대 증보판 『피지올로구스』가 태어나기 시작한다. 처음엔 라틴어로 쓰여 졌지만 각국 국어로도 집필되기 시작했는데 가장 많은 판본이 나온 곳은 영국이었다.

애버딘 대학에서 소장하고 있는 '애버딘 우화(the Aberdeen Bestiary)'나 '할리 우화(the Harley Bestiary)' 등이 대표적이다. 그림 중심으로 엮어진 이 책이 유명해지면서 책에 들어있던 그림이 점차 현실 세계로 확산되었다. 처음엔 각종 인쇄물에 등장하더니 가구나 벽지, 벽장식을 잠식하고 나중엔 교회나 수도원 장식에서까지 중요한 구조물로 나타나게 된다.

프랑스에서는 영국보다 종류가 적긴 하지만 각 지역 방언으로 우화집이 발간되기 시작했다. 게다가 유독 익명의 저자 '피지올로구스'가 아니라 실제 저자 이름이 기록된 경우가 많았다. 예컨대 필립 드 타옹(Philippe de Thaon)이 1121년 앵글로-노르만 방언으로 우화를 썼다든가, 제르베즈(Gervaise)의 노르만 프렌치방언 우화집(Bestiaire)이 13세기 초에 나왔다는 등이다. 국내에서도 1999년 이 우화집이 번역되어 나왔다.[10]

기독교적 시각에서 동물을 다룬 것은 이들이 대중설득에 유효한 수단이라는 점도 있지만 성서적 근거도 있다. 모든 동물이 신의 피조물이니만큼 그 동물에서 신앙적 교훈을 얻을 수 있다는 것이다.

"짐승들에게 물어보게, 가르쳐주지 않나. 공중의 새들에게 물어보게, 알려주지 않나. 들풀에게 물어보게, 가르쳐주지 않나. 바다의 고기들도 알려줄 것일세. 이런 일을 한 것이 야훼의 손이 아니고 무엇이겠는가? 세상에 그 누가 이것을 모르랴? 어느 동물의 목숨이 그의 손을 벗어날 수 있으며 어느 사람의 숨결이 주의 손을 벗어날 수 있겠는가?"[11]

---

10) 피지올로구스, 노성두 역, 『피지올로구스-기독교동물상징사전』, 미술문화, 1999.

과연 동물 우화집에서 유인원을 어떻게 다루었을까? 우선 유인원의 라틴어 이름이 시미아(Simia)라는 사실이 소개되어 있다. 이 말은 유인원이 인간과 비슷하다(Similar)는 의미로 쓰였다고 서두를 뗀다.

예컨대 키케로(Marcus Tullius Cicero, B.C. 106～B.C. 43)는 이런 말을 썼다. "인간이 타락하면 얼마나 야수 유인원 같을지!(Simia quam similis, turipissima bestia, nobis!)"[12]라고 했다. 이 말의 본질은 그만두고라도 유인원은 그야말로 야수에 비교되었다는 것은 당시 인식의 정도를 말해 준다.

폭군으로 유명했던 네로 황제(Nero, 54～68)는 자신의 궁에 유인원 우리를 갖춰놓고 이들을 키웠다는 기록도 있다. 야수요 잔인하기 이를 데 없었다는 이유로 왕궁에서 사육한 건 아닐까?

물론 중세에 와서도 동물에 대한 지식수준은 지금과 비교할 수 없을 정도로 낮았다. 게다가 성서가 갖는 강력한 카리스마도 있어 동물 우화집은 애초부터 사실과는 다르게 오로지 성서를 알기 쉽게 설명하기 위한 도구로 존재했다고 할 수 있다.

그 이유는 우선 그들의 행동반경이 극히 제한되어 있었다고 할 수 있다. 봉건제에서 왕이나 영주는 여행할 수 있었지만 워낙 신분

---

11) 구약 욥기(12장 7～10절), 공동번역 성서.

12) Cicero, Francis Brooks(trans.), *De Natura Deorum*(On the Nature of the Gods), London: Methuen, 1896). I, XXXV.

관계가 엄격하고 뚜렷해서 일반 민중들은 그런 꿈도 꿀 수 없었던 것이다.13)

그러니 실제로 존재하는 동물과 상상의 동물을 구분하기조차 쉽지 않았을 게 분명하다. 동물에 대한 지식이 부족하니 성 이시돌의 백과사전 『에티몰로지아』에 의존할 수밖에 없었지만 이 책 역시 자연과학의 기준으로 보면 당시 시대상을 반영할 정도였던 것이다. 과학 지식이 터무니없이 모자랐으니 빈 공간은 오로지 종교적 정열로만 채워 넣었다.

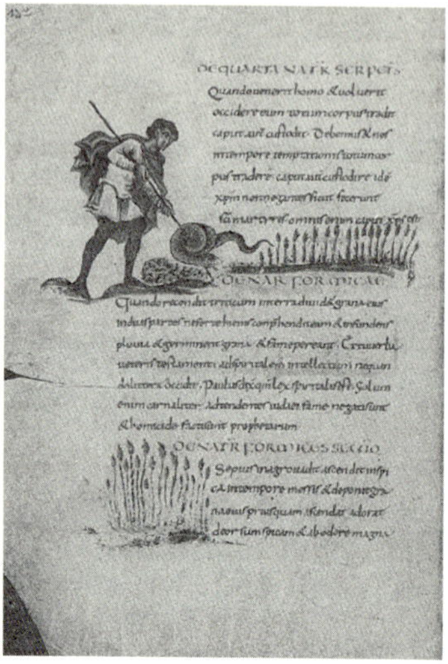

<그림 9> 피지올로구스

그러나 이 종교 우화집은 가톨릭이나 그리스정교 이외에도 역시 구약을 같은 경전으로 다루고 있는 이슬람 지역에까지 광범위하게 전파되었다고 한다. 피지올로구스는 중세시대 글로벌 베스트셀러라고 해도 괜찮을 듯하다.

이야기의 전개는 이런 식이다. 예컨대 펠리컨은 죽은 지 3일 만에 자신의 피로 다시 살아난다고 했다. 3일 만에 부활한다는

13) 만프레트 라이츠, 이현정 역, 『중세 산책-성에 살던 중세인 들의 꿈과 일상』, 플래닛미디어, 2006, p.60.

건 바로 예수 그리스도의 죽음과 부활을 상징하는 것이다.

비둘기는 성서에서 삼위일체의 한 위격인 성령의 상징으로 나온다. 그래서 비둘기는 용같은 무서운 존재로부터도 사람을 보호하는 능력을 가진 것으로 묘사되었다. 뱀에서 승천한 동양의 용과는 달리 서양의 용은 마치 악어처럼 네 발이 달려있고 하늘을 마음대로 날아다녔다. 비둘기와 용의 관계는 선과 악, 하느님과 사탄의 모습과 비슷하게 묘사되었다.

이런 설명도 나온다. 독수리는 태양을 피하지 않고 정면으로 바라볼 수 있는 새끼들은 거두지만 그렇지 않은 새끼는 거부한다는 것이다. 태양의 빛을 제대로 쳐다볼 수 없다는 얘기는 결국 천국의 빛을 제대로 볼 수 없다는 것이다. 이는 바로 죄인들이다. 태양을 바로 볼 수 없는 독수리새끼처럼 죄를 지은 이들은 하느님이 거두지 않으리라는 경고를 하고 있다.

유인원에 대한 묘사는 매우 구체적이지만 지금 우리가 알고 있는 것과 비교해보면 황당하기까지 하다.

<그림 10> 피지올로구스에 나온 유인원 삽화

예컨대 <그림 10>에서처럼 암컷 유인원은 항상 쌍둥이만 출산한다는 설명이 붙어있다. 어미는 한쪽은 사랑하지만 다른 한쪽은 미워하기만 한다. 어미가 앞쪽으로 안고 있는 새끼 유인원은 엄마의 사랑을 받고 있다. 그러나 엄마의 등에 업인 아기 유인원은 미움을 받는 새끼다.

그래서 등에 업인 미운 새끼 유인원은 살기 위해서라도 어미의 등을 붙잡고 업혀 있어야 한다. 특히 어미 유인원은 사냥꾼에 쫓겨 절체절명의 위기에 다다르게 붙잡힐 가능성이 높게 되면 결단을 내린다. 안고 있는 사랑하는 새끼만 떨어뜨리고 등에 업혀 떨어지지 않는 새끼만 안고 내달린다고 한다.

사냥꾼은 길에 떨어진 새끼는 보지 못한 채 어미 유인원과 등에 매달린 새끼만 따라오도록 유인하는 것이다. 결국 어미와 미운 새끼는 죽음을 당하거나 사로잡혀도 사랑하는 새끼는 도망갈 수 있도록 길을 열어준다는 게 피지올로구스의 설명이다.

<그림 11> 사냥꾼에 쫓기자 사랑하는 새끼를 떨어뜨리고
미운 새끼만 데리고 사냥꾼을 유인하는 어미 유인원

이 우화집에선 현재 유인원과 원숭이 종 일부가 뒤섞여 있다. 예컨대 긴꼬리원숭이속도 유인원의 5가지 종류 중 하나라고 소개하는 등이다. 게다가 유인원들은 초승달이 뜨면 행복해 하며 하루에 7번 소변을 본다고 기록되어 있기도 하다. 유인원의 특성에 대한 얘기는 주로 성 이시돌에 많은 영향을 받았던 부분이다.

종교우화집의 서술은 기독교 뿐만 아니라 유대교 그리고 이슬람교조차 비슷한 인식을 보이는데 이는 근본적으로 이 종교 분포 지역이 유인원 서식지와는 멀리 떨어진 지역이란 까닭도 크다. 그러나 보다 근본적인 이유는 종교적으로 우상숭배를 금했으며 특히 동물숭배를 죄악시한 탓이다.

우상숭배에 대한 강력한 경고는 구약 성서 열왕기에 나온다. '여로보암(Jeroboam)이 금송아지를 만들어 우상숭배를 하다 멸망하고 만다.'[14] 우상 숭배에 대한 강력한 경고를 담고 있는 동시에 인간과 동물의 유사성을 애기하는 것 자체를 금기시한 탓이다.

그러다 유럽인들이 유인원에 대해 다시 생각을 하게 된 계기는 중세 시대의 운명을 재촉했던 십자군 전쟁(11~13세기)을 겪으면서부터. 기사와 군인들로 이뤄진 대규모 부대가 유럽 밖으로 이동하면서 자연히 문물 교류가 활발해졌다. 과거와는 다른 이국적 문물이 유럽으로 쏟아져 들어왔고 그 속에서 유인원

14) 열왕기상 11~13장, 공동번역 성서.

이나 원숭이와 관련된 것도 포함되어 있었다.

유럽인들은 그러나 중세시대를 거쳐 르네상스 초기까지 여전히 유인원이나 원숭이에 대해 강한 편견을 가지고 있었다. 미국의 저명한 천문학자 칼 세이건(Carl Sagan)은 이 시대를 이렇게 정리했다.

"유럽중세의 기독교 세계나 르네상스 초기에는, 원숭이와 유인원은 극도의 추악함, 인간의 지위에 대한 절망적인 갈망, 부정하게 얻은 부(富), 앙심을 품는 기질, 호색, 나태, 어리석음의 상징이었다. 원숭이는 유혹에 빠지기 쉽기 때문에 '인간의 타락'을 나타내는 장신구처럼 사용되었다. 그런 죄 때문에 원숭이나 유인원은 인간에게 복종하는 것이 당연하다는 생각이 일반적으로 확산되어 있었다."[15]

6. 근대인들이 만난 유인원

연대기적으로 중세는 끝났어도 그 영향은 꽤나 오래갔다. 교황이 쇠퇴하는 대신 왕과 제후의 권력이 강화되는 게 추세였어도 인간의 머리를 그토록 오래 지배했던 지적 유산은 쉽게 바뀌지 않는다. 유인원이나 원숭이에 대한 기본인식이 그랬다.

15) 칼 세이건, 『잃어버린 조상의 그림자(Shadows of Forgotten Ancestors)』, 고려원 미디어, 1995, p.38.

당시 유럽인들의 인식을 그나마 알게 해 준 것은 순전히 새뮤얼 페피스(Samuel Pepys, 1633~1703)란 인물 덕택이다. 페피스는 1684년 영국 왕립협회(Royal Society) 회장으로 임명되었다. 그가 재직하던 1686년 출판허가를 내준 것이 바로 뉴턴(Issac Newton, 1642~1727)의 위대한 만유인력의 법칙 등을 담은 『프린키피아(Philosophiae Naturalis Principia Mathematica)』(자연철학의 수학적 원리)라는 책이었던 것도 유명한 일화이다. 이 책 표지에 페피스의 이름도 나와 있다.

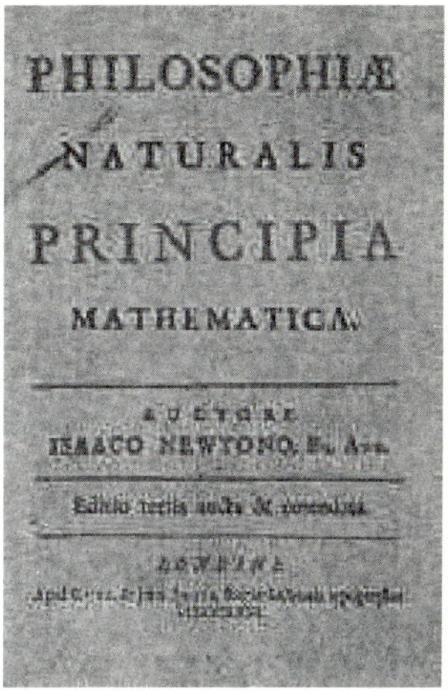

<그림 12> 뉴턴의 『프린키피아』 표지

페피스가 유명해진 것은 그의 비밀 일기 때문이다. 그는 1660년 일기를 쓰기 시작했는데 속기(速記)에 남들이 알아볼 수 없는 부호까지 동원해 자신의 부인에게까지도 감추려했던 이 위대한 일기가 해독된 것은 19세기 초였다.

그런데 그 내용이 당대의 시대를 현미경 들여다보듯 정확했다. 17세기 영국의 흑사병, 런던 대화재, 명예혁명 등 그 시대를 고스란히 복원하고 있는 영국 역사상 가장 귀중한 일기로 남아 있다. 그래서 페피스는 이 일기로 '17세기 영국 역사를 구원한'

<그림 13> 해독되어 영어로 번역 · 간행된 페피스의 비밀일기

인물로 꼽히게 되었다.

페피스는 이 일기에서 유인원에 대한 언급을 해 놓았으니 그 어떤 사물도 그의 눈을 피해가지는 못했던 모양이다. 페피스의 기록을 보자.

"침팬지는 이미 영어를 상당 부분 이해하고 있을 것이라고 믿어 의심치 않으며 말이나 혹은 수화를 가르쳐야 할 것 같은 생각이 든다." (원문은 다음과 같다. "I do believe it already understands much english, and I am of the mind it might be taught to speak or make signs.")

<그림 14> 새뮤얼 페피스

이는 이미 이 시대에 유인원의 존재가 유럽에 깊숙이 들어와 있음을 보여주고 있다. 심지어 "유인원은 말할 수 있으나 인간에게 이용되

어 노예가 되는 것이 싫어서 말하지 않는 것이다."라는 다른 작가의 언급까지 있었던 시대였다.

이런 흐름에 엄청난 영향을 미친 사람은 말할 것도 없이 찰스 다윈(Charles Robert Darwin, 1809～1882)이다. 그가 1859년에 펴낸 『종의 기원(On the Origin of Species by Means of Natural Selection)』은 당시 초판이 매진될 정도로 엄청난 반향을 불러 일으켰다.

<그림 15> 찰스 다윈

지금도 동물원 원숭이 우리 앞에서 관람객들이 던져주는 먹이를 잘 받아먹는 침팬지를 보며 "저 침팬지가 우리의 조상이라고?"라고 탄식하는 사람이 있으니 그때야 오죽했을까? 그때나 지금이나 마치 인간이 원숭이나 유인원의 후손이라고 다윈이 주장한 듯 한 오해는 여전한 것 같다.

다윈의 업적은 크게 두 가지로 요약될 수 있다. 첫 번째는 우선 인간의 기원을 신의 개입보다는 자연의 작용으로 풀이할 수 있다는 점을 밝힌 것이다. 두 번째로 인간은 해부학적으로 침팬지나 고릴라 등 아프리카 유인원과 비슷하므로 인간의 기원을 아프리카에서 찾을 수 있다는 것이었다.[16)]

다윈은 결코 원숭이나 유인원이 우리의 조상이라고 한 적이

16) 존 그리빈, 최주연 역, 『과학의 역사 2(화학, 지구과학, 생물학)』, 에코리브르, 2005, p.199.

없다. 그들이 인간으로 진화했다고 한 적도 없다. 중요한 것은 그 옛날 어떤 조상에서 분화되었고 진화의 길을 달리 갔다는 사실이다. 그런데 그 당시 원숭이나 유인원이 인간의 조상처럼 이해됨으로써 보통 사람의 유인원에 대한 인식은 여전히 균형을 잡지 못하고 있었다.

19세기는 이런 의미에서 진보의 시대였다. 특히 다윈과 동시대 영국인들은 모험가적 탐험을 통해 중세 기독교 시대의 그늘을 급속히 걷기 시작했다. 조셉 후커, 헨리 베이츠, 알프레드 월리스, 리처드 스프루스 등 수많은 탐사 과학자들이 아마존이나 아프리카의 열대 우림으로 갔다.

애시 당초 그들의 목적이 모두 숭고한 건 아니었다. 희귀한 동식물을 수집하려는 귀족들의 허영심을 채우려던 적도 있었고 더러 빅토리아 시대 대영제국의 전략 도구가 되어 정복 지도를 만들려고 오지로 들어가기도 했다.

그 중에서도 알프레드 러셀(1823～1913)은 세계 여러 곳을 탐험해 수많은 표본을 채집했고, 특히 자연선택을 통한 종의 기원론을 발전시킨 인물이다. '적자생존'이란 말도 그가 만든 말이다.

그는 다윈에게 이런 내용의 논문을 보냈는데 다윈은 깜짝 놀라고 말았다. 자신이 무려 20년이나 연구해온 진화론과 거의 같은 내용이 러셀의 논문 속에 포함되어 있지 않는가? 그러니 충격을 받을 수밖에. 특히 월리스는 아시아에까지 와서 오랑우탄을 연구하기도 했던 인물이다.

19세기 진화론에 관심을 두었던 학자들의 결론은 의외로 간

명했다. 인간은 신의 창조물이 아니라 오랑우탄이나 고릴라와 같은 유인원과 같은 종이라는 사실이었다. 아마존의 밀림에서 남태평양의 외딴 섬까지 찾아들어간 이들은 인간 지식의 한계, 기독교의 짙은 그늘에 가려져 있던 진실을 끌어내는 데 혁혁한 공을 세운 개척자들이다. 그들의 모험과 연구는 20세기 과학 문명을 꽃피운 기초가 되었음은 물론이다.

II

인간이 되기를 강요당한 유인원

1. 인간에 입양된 침팬지 조니

19세기는 유인원들에겐 기념비적인 시기였다. 좋은 시대이기도 했고 정말 나쁜 시기이기도 했다. 야수이거나 기껏해야 나태와 타락의 상징에서 인간과 거의 같은 위치로 복귀할 수 있는 계기가 된 것은 과학의 발전 덕택이었다.

그러나 그들에겐 치명적인 시대로의 불행한 출발이었다. 산업혁명 이후 현대화가 진행되면서 숲이 잘려나가기 시작했으며 더더욱 그들은 진귀한 동물로 인간들의 포획과 밀렵의 대상이 되기 시작했기 때문이다. 본격적으로 인간문명으로 끌려나오기 시작한 시기였다.

그나마 일부 우호적인 동물학자들 또는 심리학자들이 있었던 것은 그나마 불행 중 다행이었다. 그들은 유인원을 지극히 사랑했지만 또한 그들은 유인원을 대중 앞으로 불러내는 주도적 역할을 했다. 20세기 초 이들의 노력으로 그동안 철저히 베일에 가려져 있던 유인원들의 세계가 인간에게 알려지기 시작했다. 동시에 그들의 세계가 파괴되기 시작한 것 또한 사실이었다.

유인원들이 사람과 같은 종류의 동물이라는 19세기의 세계관은 20세기 인간들에게 새로운 모험을 하게 만들었다. 이들이 정말 사람과 같은 종이라면 왜 그들은 말을 할 수 없을까? 인간과 같은 환경 속에서 유인원이 자라면 인간의 말을 배울 순 없을까? 마치 외국인이 한국어 환경에서 성장하면 한국어를 자유자재로 구사할 지도 모른다는 생각이 들었을 법했다.

17세기의 영국인 페피스는 이들에게 말이나 수화를 가르쳐야 한다고 일찍이 생각하지 않았던가? 20세기에 들어와서 이러한 호기심은 용감한 사람들에 의해 정말 실험되기 시작했다. 아예 이들을 집에서 인간의 성장 과정과 꼭 같은 환경에서 키우며 인간의 문명을 가르치기 시작한 것이다.

그 첫 주인공은 1920년대 모스크바에 살던 나디아 라디긴-코흐츠(Nadia Ladygin-Kohts, 1889～1963)였다. 그녀는 모스크바 소재 다윈박물관 동물연구소 큐레이터였던 알렉산더 코흐츠(Alekssandr Kohts)의 부인이었다. 그녀는 국립 모스크바대학교에서 비교심리학을 강의하기도 했다.

그러다 그녀는 집에서 조니(Joni)라는 어린 침팬지를 기르면서 유인원 교육에 나섰다. 우선 같은 색의 카드를 구별할 수 있도록 가르치기 시작했고 나중에 이 침팬지와 자신의 아들을 비교 연구하는 글을 쓰기도 했다.

코흐츠의 연구 결과는 상당한 파장을 일으켰다. 침팬지는 모양과 크기를 인식할 수 있다는 사실을 처음으로 알아낸 것이다. 특히 조니는 보이지 않는 물건도 그 모양만을 가지고 실제로 눈앞에 있는 물건과 정확히 매치 시킬 수 있음을 보여주었다. 이는 당시까지만 해도 인간 이외의 유인원들에게는 불가능한 것으로 인식되고 있었던 것이다. 조니는 5세가 되던 해 죽었다.

그 후 그녀는 이 연구를 토대로 "어린 침팬지의 동물적 행태와 색깔 구별" 등의 논문을 써서 발표했고 전 세계적으로 상당한 파장을 불러일으켰다. 또한 조니와 자신의 아들의 성장 과정을 비교한 논문을 쓰기도 했다.

나디아의 연구에 가장 많은 관심을 가졌던 학자는 바다 건너 미국의 심리학자 로버트 여키스(Robert M. Yerkes, 1876～1956) 박사였다. 그는 하버드 대학에서 심리학을 전공한 후 고릴라와 침팬지의 지능과 사회적 행동을 연구한 당대의 영장류 연구의 선구자였다.1)

그는 1916년 『사이언스』에 게재한 논문을 통해 영장류 연구에 대한 필요성을 역설하면서 영장류 연구소 설립을 촉구해 미국에서의 영장류 연구소 설립을 주도한 개척자였다. 현재 에모리 대학에 있는 국립여키스영장류연구소(Yerkes National Primate Research Center)가 그 결과물이다.

여키스 박사는 나디아와 광범위한 서신을 주고 받았으며, 1929년엔 러시아를 방문해 그녀의 연구 결과를 직접 보기도 했었다. 나디아의 연구 결과가 여키스 박사를 통해 미국에 소개되면서 그녀의 연구를 잇는 새로운 모험은 이제 미국에서 시작되었다.

<그림 1> 로버트 여키스

1) 여키스 박사의 연구 성과는 Robert M. Yerkes, The Mental Life Of Monkeys And Apes, Kindle Book, 2010에서 볼 수 있다.

2. 인간 도널드와 침팬지 구아 형제

1920년대에 미국에서 모스크바의 나디아가 침팬지 조니와 했던 실험은 미국에서 무모할 정도로 용감하게 발전했다. 무모한 도전에 모든 것을 건 주인공은 당시 인디애나 대학에서 심리학을 가르치던 켈로그(Winthrop kellogg) 교수와 부인 루엘라(Luella)였다. 부부는 1931년 7월 플로리다에서 7.5개월 된 침팬지 구아(Gua)를 입양했다.

<그림 2> 구아와 도널드 형제

이 부부의 실험이 정말 무모한 것이라고 비난받기도 했던 건 침팬지 구아와 함께 당시 9개월 된 부부의 아들 도널드(Donald)를 같은 방에서 똑같이 키운 것이다. 유인원과 인간을 같은 환경에서 양육함으로써 두 개체 사이에 어떤 차이가 있느냐를 직접 실험하려 했다.

도널드와 구아는 어떤 면에선 인간과 유인원 역사상 최초의 '진정한' 형제가 되었다. 용감한 이 두 형제는 같은 방에서 1932년 3월까지 9개월간을 같이 살았고 또 일련의 실험도 이뤄졌다.

이 결과는 나중에 『유인원과 어린이(The ape and the child)』(1933)란 책으로 발간되었다. 두 '형제'가 한 방에서 형제처럼 살아가는 모습이 언론에 대서특필되면서 미국에서 떠돌던 가장 그럴듯한 얘기는 "구아가 사람처럼 되어가기 보다는 도널드가 점점 더 침팬지처럼 되어간다."는 얘기였다.

켈로그 부부의 너무도 용감한 이 연구의 성과는 그러나 실망스러울 정도였다. 물론 구아는 사람의 환경에 잘 적응하긴 했지만 그에 비례할 만큼 언어 능력은 없다는 것이었다. 켈로그 부부의 책에 따르면 구아는 9개월간이나 집중적인 교육을 받았음에도 기껏해야 6개 정도의 단어만 말할 수 있었다.[2)]

그 이유에 대해 이들 부부는 어떤 결론을 내렸을까? 인간과 유인원 사이에는 건널 수 없는 차이가 있음을 인식하게 되었다. 침팬지와 인간 사이는 뇌의 언어 중추의 차이가 결정적일 수 있다는 점을 지적했지만 더 이상 뾰족한 설명을 내놓진 못했다.

언어 중추는 이를 처음 발견한 프랑스의 의사이자 인류학자 브로카(Pierre Paul Broca, 1824～1880)의 이름을 따 브로카 령(Broca's area)이라고 한다. 대뇌의 좌전(左前)하부에 있는 운동성 언어 중추이다. 브로카는 1861년에 말을 할 수 없게 된 환자

2) Winthrop and Luella Kellogg, *The Ape and the Child*, New York: Hafner Publishing Company, 1967, p.289.

의 뇌를 연구하다 이를 발견했다. 이 환자를 통해 말을 하는 중추는 왼쪽 대뇌피질에 있다는 것을 확인했다.

구아의 말하는 능력은 형편없었지만 단어 이해도는 오히려 도널드에 그리 뒤처지지 않을 정도였다.

예컨대 처음부터 9개월 동안 도널드가 인식한 말이나 구는 68개였고 구아는 58개였다는 것이다. 그럼에도 이 부부가 원하던 '말하는 구아'는 나타나지 않았다. 결국 이는 인간의 언어 능력이 타고났음을 간접적으로 보여준 것이었고 켈로그 부부는 공들인 것에 비해 무척이나 실망했음직하다.

3. 침팬지 비키의 영어배우기

켈로그 부부의 침팬지 구아가 그리 큰 성공을 거두지 못했지만 새로운 도전은 계속되었다. 그들은 바로 플로리다에 살던 헤이즈 부부(Keith and Catherine Hayes)였다. 그들은 켈로그 부부와는 달리 1947년부터 54년까지 무려 7년간이나 비키(Viki)라는 침팬지를 역시 집에서 아이들과 함께 키웠다.

<그림 3> 헤이즈 교수와 비키

구아의 짧은 동거와는 달리 그 오랜 기간 말을 가르쳤으나 비키가 배운 말이라곤 'mama, papa, cup, up'이라는 네 가지 말뿐이었는데 그나마 발음은 어색하기 짝이 없었고 더 이상 진전도 없었다.[3)]

모스크바의 나디아, 그리고 켈로그 부부, 헤이즈 부부의 '침팬지 입양 교육'이 별로 더 이상 놀랄만한 업적을 내지 못하자 그 이후 10여 년 정도 기간엔 더 이상의 연구가 진행되지 못했다.

그렇다면 왜 유인원들이 사람의 말을 하지 못할까? 그 이유가 과학적으로 규명된 것은 20세기 말 유전공학의 급속한 발전에 힘입어서야 가능했다. 인간게놈프로젝트(HGP)를 주도했던 미국 국립보건연구원(NIH) 산하 국립인간게놈연구소(NHGRI)가 완성한 침팬지 유전자 지도 초안을 토대로 한 인간과의 비교 연구의 성과물이다.

인간에게는 매우 중요한 언어 유전자의 핵심 부분이 침팬지 등 유인원에는 없다는 사실이 나중에서야 밝혀진 탓이다. 이것이 곧 유인원의 언어 능력 특히 음성 언어 능력이 왜 부족한 지를 설명하게 해 준 것이다.

독일의 라이프치히(Leipzig) 소재 막스플랑크 진화인류학연구소(Max Planck Institute for Evolutionary Anthropology)의 진화유전학 팀(팀장 스반테 파보, Svante Paabo)의 연구 결과는 왜 인간만이 말을 구사하게 됐는지를 밝혀주는 단초를 제공해주고

---

3) http://pubpages.unh.edu/~jel/video/Vicki.html

있다.

언어와 관련된 유전자는 FOXP2라는 게 밝혀졌다. 이 유전자에 이상이 있을 경우 말하기와 문법에 심각한 장애가 생긴다고 한다. 파보 박사 팀은 이 유전자를 침팬지, 고릴라, 오랑우탄 등 유인원과 비교했다. 그 결과 사람의 FOXP2 유전자는 다른 동물에 비해 두 개의 부분에 중요한 변이가 일어났다는 사실을 발견했다.

이는 세계적 과학 전문지 『네이처(Nature)』에 발표된 내용이다. 이 변이는 말할 때 입과 성대를 부드럽게 놀릴 수 있는 인간의 능력에 영향을 주었고, 이에 따라 언어가 발달했다는 것이 연구팀의 설명이었다.4)

앞서 밝힌 대로 여러 학자들이 유인원에게 언어를 가르치기 위해 수고를 아끼지 않았지만 그토록 지대한 노력에도 불구하고 그들의 언어 능력이 왜 제자리인지를 과학으로 설명해 준 건 최근의 일이다. 인간은 이 언어 관련 유전자 변이를 통해 뛰어난 언어 능력을 보유하게 되었는데 그 시기는 대체로 20만년 정도로 추정되고 있다.

그렇다고 성급한 결론을 내려 마침표를 찍기엔 아직 이르다. FOXP2 유전자가 무엇을 하는지 완전히 파헤쳐진 게 아니기 때문이다. 다만 다른 유전자의 스위치를 켜거나 끄는 일을 하는 것으로 생각되고 있다. 이것이 진화의 길고 긴 과정에서 언어

---

4) 이에 대해서는 Alec MacAndrew, "FOXP2 and the Evolution of Language" in http://www.evolutionpages.com/FOXP2_language.htm

능력의 차이로 나타났으며 유인원과 인간을 나눈 결정적 요인이 되었음은 분명한 일이다.

4. 침팬지 와슈와 수화

인간의 고정관념은 너무도 강해서 깨지기가 쉽지 않다. 유인원은 사람과 비슷하며 따라서 말을 가르쳐야 한다는 고정관념도 마찬가지였다. 유인원의 언어중추가 인간처럼 발달하지 못했다는 사실이 알려지기 이전이기도 했다. 게다가 음성언어를 사용할 수 없는 장애인들이 오래전부터 수화(手話)를 보편적으로 사용해왔다는 사실도 간과해왔다.

유인원의 언어 교육이 벽에 부딪혀 있을 때 새로운 유인원과의 의사소통 수단으로서 수화에 대한 관심이 떠오른 것은 정말 우연이었다. 1966년 네바다 주립대 교수였던 가드너 부부(Allen and Beatrix Gardner)는 어느 날 비디오를 보고 있었다. 열성적으로 침팬지에게 말을 가르쳤던 헤이즈 부부와 침팬지 비키를 찍은 비디오였다. 헤이즈 부부는 무려 7년간이나 비키를 키웠지만 비키가 할 수 있는 말은 네 단어에 불과했다는 것은 앞에서 말한 바 있다.

가드너 부부는 너무도 우연히 TV 모니터의 한 쪽을 보게 된 것이다. 포커스가 주로 비키의 얼굴에 가 있었지만 부부는 비키의 손을 보았다. 비키가 혀를 움직이는 데엔 지극히 미숙했지만 손 쪽은 확실히 뭔가 의미하고 있는 것처럼 움직이고 있었다.

"바로 저거야!" 말 대신 수화手話를 가르쳐보면 어떨까 하는 생각이 두 사람 머리에 동시에 떠올랐다.

이 용감한 부부는 행동으로 자신의 생각을 옮기기 시작했다. 아프리카에서 태어난 지 10개월 만에 잡혀 미국으로 온 와슈(Washoe)라는 침팬지를 1966년 6월 집으로 데리고 왔다.

<그림 4> 와슈

와슈에겐 말 대신 미국 농아들의 표준수화를 가르치기 시작했다. 와슈의 진보는 빨랐으며 1971년에는 기억하고 있는 말도 1백 60개나 되었고 그때까지 본적이 없는 것을 만나면 알고 있는 말을 조합해 내기도 했다.

예컨대 와슈가 생전에 본 적도 없는 수박을 보여주었다. 그랬더니 와슈의 대답은 이랬다. '줄무늬 Stripes'와 '과일 Fruit'이란 두 단어를 조합해낸 것이다. 배우지 않았기 때문에 수박이란 말 즉 워터멜론(watermelon)을 정확히 끄집어내진 못했지만 과일이면서 줄무늬가 있다는 식의 설명을 할 수 있다는 건 놀라운 진전이었다. 유인원의 엄청난 표현 잠재력을 수화로 확인했던 순간이다.

가드너 부부의 연구는 엄청난 논쟁을 불러일으켰고 헤이즈 부부의 비키 이후 유인원에 대해 식어가던 관심을 폭발적으로 다시 불러일으킨 촉매제가 되었다.

와슈는 1970년 가드너 부부와 작별한 뒤 가드너 부부의 스탭으로 참여했던 심리학 교수 푸츠(Roger and Deborah Fouts) 부부와 함께 오클라호마 대학으로 옮겨갔다. 그 다음엔 다시 미국 북서부 워싱턴 주에 있는 센트럴워싱턴 대학교(Central Washington University)로 옮겨 지금에 이르고 있다.

푸츠 교수는 와슈와의 수화를 더욱 발전시켰고 그 결과물이 바로 『넥스트 오브 킨: 침팬지와의 대화(Next of Kin: My Conversations with Chimpanzees)』라는 저서였다.[5)]

<그림 5> 『Next of Kin』의 표지

5) Roger Fouts, *Next of Kin: My Conversations with Chimpanzees*, New York: Harper, 1998.

푸츠 교수는 이 대학에서 '침팬지와 인간 커뮤니케이션연구소(The Chimpanzee and Human Communication Institution)'를 창립했으며 또 공익재단인 '와슈의 친구들(FOW, Friends of Washoe)'을 운영하고 있다. 연구소에는 와슈를 비롯해 모야(Moja), 타투(Tatu), 다르(Dar) 등의 이름을 가진 네 마리의 침팬지들이 여전히 수화 교육을 받으며 생활하고 있다.[6)]

이 연구에 자극받아 유인원은 다시 연구의 정점에 서기 시작했고 다양한 후속 연구가 진행되었다. 루시(Lucy)라는 침팬지는 컴퓨터를 사용해서 말하는 것을 배우기 시작했고 사라(Sarah)라는 침팬지는 쟁반 위에 칩을 놓고 말하는 방법을 배우기도 했다. 알프레드(Alfred)라는 오랑우탄도 1971년부터 언어 훈련을 받기 시작하는 등 곳곳에서 유인원 언어 교육이 새로운 붐을 일으켰다.

5. 고릴라 코코의 컴퓨터

인간과 유인원, 단순히 스쳐지나간 만남이었는데 그게 모두의 운명을 바꾼 계기가 된 경우도 있다. 1972년 스탠포드대학교 대학원에서 심리학을 전공하던 평범한 여자 대학원생 패터슨(Francine Penny Patterson)이 그런 경우다.

---

6) 연구소 홈페이지는 http://www.cwu.edu/~cwuchci/이다.

패터슨은 당시 샌프란시스코 동물원에 갔는데 그곳에서 하나비코(Hanabiko)라는 이름의 새끼 고릴라를 본 적이 있었다. 하나비코란 이름은 이 고릴라가 폭죽이 터지던 7월 4일 미국 독립기념일에 태어났기 때문에 '폭죽의 아이'란 뜻의 일본어 '花火子'를 따온 것. 그 애칭이 코코였다.

패터슨은 코코를 보고 너무 귀여워 정이 갔지만 그냥 돌아올 수밖에 없었다. 그런데 이 고릴라는 곧 패터슨과 다시 만나게 되었다. 스탠포드 대학에서 코코를 대상으로 한 새 프로젝트를 시작했기 때문이다. 대학이 코코를 대학으로 데려와 언어교육 전반을 하면서 연구에 들어가기로 했는데 그 언어 교육을 패터슨이 맡게 된 것이다.

'프로젝트 코코(Project Koko)'란 이름이 붙은 이 연구계획 과정에서 패터슨은 코코에게 음식이나 물 등을 효과적으로 표현하는 수화를 가르치기 시작했다. 코코는 거의 완벽한 수준의 수화를 통해 인간과 의사소통을 시작한 것이다.

코코(Koko)는 '타잔' 시리즈의 세계적인 히트로 명성을 높였던 치타의 등장으로 침팬지에게 줄곧 빼앗겼던 고릴라의 명성을 되찾아준 주인공이다. 특히 ≪킹콩≫을 통해 무자비한 야수 이미지로 굳혀져 온 고릴라에 대한 일반인들의 인식을 개선하는데 결정적 기여를 했다. 코코는 이 프로젝트를 통해 고릴라계의 '슈퍼스타'로 등극했다.

코코는 물질문명이 발전하면서 거기에 잘 적응해왔다. 완벽한 수화를 익혀왔지만 컴퓨터가 출현하면서 지금은 컴퓨터 환경에

완전히 적응된 상태다. 무려 1,000 단어 이상의 어휘를 사용하는 세계에서 가장 유명한 고릴라가 되었고 그 옆에는 지금까지도 패터슨이 자리하고 있다.

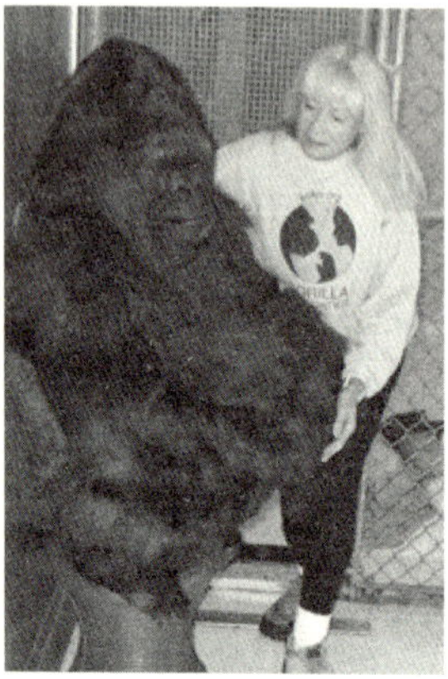

<그림 6> 코코와 패터슨

패터슨은 이 연구를 시작한지 4년 만인 1976년 아예 ≪고릴라 재단≫[7]을 설립하여 체계적인 프로그램을 도입해 코코에게 언어를 가르치기 시작했다. 고릴라 재단은 이와 함께 고릴라 보호를 위한 다양한 활동을 벌이고 있다. 패터슨은 이 재단의 회장 겸 연구팀장으로 있으면서 산타클라라대학교(Santa Clara University)에서 심리학부 교수로도 활동하고 있다.

코코가 다시 전 세계의 주목을 받게 된 것은 1998년. 코코는 그 해 4월 27일 저녁 7시 패터슨 교수와 함께 AOL(America Online)의 라이브 채팅에 나왔는데 이때 코코와 채팅을 하려했던 회원은 무려 8천명이나 되었다. 이는 동물과 인간이 채팅을 한 최초의 역사로 기록되었다.

당시 이를 보도했던 미국 언론은 "코코는 할 말이 그렇게 많

7) 고릴라 재단의 인터넷 홈페이지는 www.gorrilla.org이다.

<그림 7> 사랑한다는 뜻을 수화로 표현하고 있는 코코

지 않았음에도 불구하고 통역자의 도움을 받아 수화로 통신 접속자 들과 대화했다."고 전했다. 통역자인 패터슨 교수는 네티즌의 질문을 받은 뒤 특수 수화 컴퓨터를 통해 코코에게 그 내용을 전달했고 코코가 답변을 하면 다시 패터슨이 인터넷으로 전해준 것이다. 패터슨은 채팅이 끝난 후 "코코는 침착하고 사려 깊었으며 접속자들의 질문에 진지하게 생각했다."고 말했다.[8)]

6. 인간 언어를 이해한 보노보 캔지

20세기 후반 가장 중요한 과학적 발견으로 일컬어지는 주인공은 바로 보노보(Bonobo)이다. 진화론의 입장에서는 유인원과 인간 사이에 잃어버렸던 고리(missing link)를 찾았다는 찬사를 받기도 했다.

또한 인간이 동물에 대해 가진 편견을 철저히 깨뜨리고 있는 존재이기도 하다.[9)] 주로 아프리카 콩코 일원에 살고 있는 보노

8) http://www.koko.org/world/talk_aol.html
9) 보노보에 대해서는 프란스 드 발, 이충호 역, 『내 안의 유인원』, 김영사,

보는 오지 중의 오지에 살고 있으며 전체적으로 약 1만 마리 정도만 생존하고 있는 것으로 알려져 있다.

보노보는 유인원 중에서도 가장 인간에 가까운 직립 보행을 하고 있어 콩고 원주민들은 이들을 자신들의 조상으로 여기고 있을 정도이다. 그런데 이들은 전엔 그저 '피그미침팬지'라는 별명 정도로 불려왔고 별로 관심을 끌지 못했던 적도 있었다. 인간에 가장 근접한 유인원이라는 점을 알지 못했기 때문이었다.[10)]

보노보가 새로운 영장류로 인정을 받은 것은 1929년이었다. 후속 연구가 이뤄지면서 진화론자들을 중심으로 인류학자들의 초미의 관심사가 되기도 했다. 마치 다윈이 갈라파고스 섬(Galapagos Islands)[11)]에서 진화론의 단초를 찾아내었던 것에 못지않을 정

2005, 제3장 섹스: 카마수트라 영장류에 자세히 설명되어 있다.

10) 21세기 벽두에는 역시 콩고에서 신종 영장류로 추정되는 대형 유인원이 발견되었다. 콩고 북쪽 본도와 빌리 마을 주변의 숲속에서 목격됐는데 이는 보노보 이후 가장 놀라운 야생동물의 발견 성과가 될 가능성도 있다고 한다. 키가 평균 2m에 몸무게는 85kg에서 102kg쯤 될 것으로 추정되는 이 유인원은 일단 외견상 고릴라와 비슷해 보이며 고릴라 서식지에서 약 500㎞ 정도 떨어진 곳에 있다. 두개골은 형태학상 침팬지와 닮았다고 하는데 잠자리는 고릴라처럼 땅 위에 있다고 한다. 고릴라가 물을 싫어하고 매일 잠자리를 만드는데 비해 이 유인원은 습기가 있는 곳도 가리지 않으며 매일 같은 잠자리를 사용한다고 한다. 또 배설물을 조사한 결과 과일을 좋아하는 침팬지와 식성이 비슷하다. 미국 메릴랜드 주 제인구달 연구소 셸리 윌리엄스 연구원은 2002년 마을 주민의 도움을 받아 이 유인원을 비디오로 촬영한 바 있는데 그는 새로운 종류일 가능성이 크다는 의견을 내놓았다. 그러나 일부에선 이 유인원이 고릴라와 침팬지의 교배로 나온 잡종일 수도 있다는 가능성도 제기하고 있다.

11) 갈라파고스 섬은 남미의 에콰도르에서 서쪽으로 약 1,000㎞ 떨어진, 태평양 상에 있으며 19개의 큰 섬과 작은 암초들로 되어 있다. 에콰도르가 1832년

도였다.

보노보는 침팬지보다 더 완벽한 직립 보행을 한다. 또 다른 영장류와는 달리 암컷 중심인데다 암수 간 평등한 생활습성을 가지고 있다. 또 날카로운 공격성을 섹스로 바꾸어 완화시키는 사회성을 가지고 있다.

침팬지만 하더라도 동족 간에 잔인한 싸움을 일삼는 데에다 철저한 계급 질서가 사회의 주춧돌이며 수컷은 폭력으로 암컷을 지배하는 잔인함을 가지고 있는 것과는 대조적이다. 침팬지가 서열을 지키기 위해 목숨을 건 싸움을 하지만 보노보는 갈등 상황이 발생해도 금방 화해하는 사회성을 가지고 있다.

게다가 무리의 서열도 암컷에 따라 결정되며 암컷 중에서도 연장자가 자연스럽게 상위의 서열이 되는데 서열을 놓고 다투는 경우도 거의 없다. 게다가 최고 서열의 암컷을 제외하면 나머지 무리에선 서열 의식이 거의 없다고 한다.

보노보는 또 사람처럼 얼굴을 마주보고 섹스를 하며 다양한 구애방식과 결합, 성적 표정을 지녔다는 이유 때문에 초기 연구자들은 이런 습성을 속 시원히 발표하지도 못했다고 한다. 이런

자국 영토로 선포한 뒤 처음에는 유형지로 쓰다가 1959년에 폐쇄하고 국립공원으로 지정했다. 찰스 다윈(1809~1882)은 영국 탐사선 비글호에 탑승해 이 섬에 들렀는데 이곳에서 진화론의 기본 인식을 했다고 한다. 다윈이 본 것은 핀치 새. 갈라파고스에는 모두 13종의 핀치 새가 있는데 이들이 섬마다 다른 먹이에 적당한 다양한 부리를 가지고 있었던 것이 다윈의 눈에 들어온 것이다. 날카로운 부리 땅 핀치, 작은 땅 핀치, 중간 땅 핀치, 큰 땅 핀치, 작은 선인장 핀치, 큰 선인장 핀치, 식물성 먹이 핀치, 작은 나무 핀치, 중간 나무 핀치, 큰 나무 핀치, 딱따구리 핀치, 망그로브 핀치, 개개비 핀치 등 13종이다.

결과가 자칫 보노보를 호색한으로 낙인찍을 수도 있을 뿐만 아니라 보수적인 재단들로부터 연구비마저 끊길 수도 있었기 때문이었다. 이 때문에 이들의 성적 습관을 연구한 초기 연구자들은 그 기록을 다른 사람들이 알아보지 못하게 라틴어로 작성하는 촌극을 빚기도 했다고 한다.

보노보의 능력에 가장 많은 연구를 한 곳은 미국 조지아 주립대(GSU) 부설 언어연구소(The Language Research Center)였다. 물론 이곳에서는 전부터 고릴라, 침팬지, 보노보 등의 유인원들에게 다양한 형태의 언어를 가르치는 실험을 계속 해오고 있지만 이 연구소에서 가장 유명한 유인원이 보노보 캔지(Kanzi)다. 캔지라는 말은 스와힐리(Swahili)어[12)]로 '보물'이란 뜻.

1980년에 태어난 캔지는 생후 6개월 되었을 때 엄마인 마타타(Matata)와 함께 언어연구소로 옮겨졌다고 한다. 캔지는 처음엔 엄마 품을 떠나지 않았으며 글자를 대신하는 기호문자(lexigram)에 전혀 관심을 보이지 않았다. 대신에 그는 키보드를 누르면 나오는 불빛이나 혹은 프로젝트에서 비춰진 그림이나 상징물에만 관심을 보였다고 한다.

그러다 두 돌 다섯 달이 지나자 엄마 마타타가 젖을 떼게 되었다. 마타타가 더 이상 양육을 하지 않으려 했기 때문이다. 그러자 캔지는 너무도 당황한 나머지 소리를 지르는가 하면 연구

12) 아랍어에서 많은 영향을 받았으며 아프리카 동부 해안 및 섬 지역에서 사용되는 언어이다.

소 연구원들에게 마타타가 자신을 계속 돌보게 해줄 것을 요구하는 듯한 제스처를 보이기 시작했다.

<그림 8> 보노보 캔지

연구원들이 자신에게 동정적으로 나온다고 판단했을 경우 캔지는 더욱 큰 소리를 지르며 심지어 엄마를 물어뜯으려고까지 했다. 물론 캔지를 위해 우유가 주어졌지만 결단코 이를 거부까지 했다.

마침내 캔지는 엄마와 분리되었고 그 후 3일간이나 엄마를 찾아 헤매는 모습을 보였다. 그러나 다시 냉정을 되찾은 캔지는 주변 연구원들을 깜짝 놀라게 하는 일을 하기 시작했다. 엄마 마타타가 훈련받아온 기호문자에 관심조차 보이지 않았었는데 혼자가 되자 갑자기 캔지는 엄마가 쓰던 키보드를 통해 10개의 기호문자를 고르기 시작했다. 캔지는 이미 엄마가 쓰고 있던 기호문자를 알고 있었던 것이다. 엄마 등 너머로 다 배운 것이었다.

더욱 놀라운 건 기호문자를 누르면 영어로 발성이 되는데 캔지는 이 영어 발음까지 다 알아들었다는 사실이었다. 물론 그는 이 단어를 발음할 수는 없지만 그 단어를 듣게 되면 그에 해당하는 기호문자나 상징물 카드를 정확히 맞췄다.

이는 전례가 없는 일이었다. 발성되는 단어를 들을 수 있고 또 그 발성만으로도 단어를 인식할 수 있는 것은 정말 놀라운 일이었다. 게다가 캔지는 훈련을 받은 적도 없었다. 연구원들은 캔지에겐 더 이상 가르치거나 훈련이 필요하지 않다는 결론을 내렸다.

캔지의 키보드에 더 많은 어휘와 상징물이 추가되었고 캔지와 얘기할 때 이들이 사용되었다. 기호문자, 제스처, 그림뿐만 아니라 비디오테이프까지 주어졌다. 캔지의 어휘 능력은 일취월장했으며 자신의 의사를 충분히 표현하기 시작했다.

그는 헤드폰을 낀 채 영어 단어를 듣고선 그 단어가 가리키는 사물이나 사진 혹은 기호문자를 골라낸다. 게다가 그는 말을 듣게 되면 대답도 꽤 잘할 수 있는 수준이다. 그래서 캔지는 인간의 음성을 듣고 이해하는 첫 번째 유인원이 된 것이다. 캔지의 여동생인 판바니샤(Panbanisha) 역시 같은 능력을 가지고 있음을 보여주었다.

캔지는 눈에 보이지 않는 상대와의 전화 통화도 가능한 수준에 이르렀다. 연구원이 캔지에게 전화를 걸자 캔지는 이 전화의 목소리를 찾아 두리번거렸지만 곧 통화 내용에 집중하게 된다. 연구원은 "캔지, 나 지금 연구소로 가는데 뭘 먹고 싶니?" 하고 묻자 캔지는 한참이나 생각한 끝에 컴퓨터 기호판에서 '초콜릿'을 선택하게 된다.

그리고 직접 만난 그 연구원에게서 초콜릿을 건네받게 되자 무척 놀라면서도 곧 초콜릿을 먹는 것이다. 이제 캔지는 자신의 보노보 친구들에게 직접 수화와 키보드까지 가르치고 있다. 보노보계에서 가장 유명한 선생님이 되었다.

III

대중 예술의 희생양이 된 유인원

1. 에드워드 버로즈의 ≪타잔≫

20세기에 들어오면서 유인원의 새로운 등장에 주목한 것은 동물학자나 심리학자들 뿐만 아니었다. 새로운 소재에 목말라하던 작가들이나 할리우드 영화제작자들도 마찬가지였다. 그들은 20세기 전반기에 진행된 일련의 새로운 실험에 깊은 관심을 가졌고 대중에 잘 알려져 있지 않던 새로운 캐릭터 유인원을 전면에 등장시키기 시작했다.

그 기념비적 작품은 아무래도 TV와 영화, 그리고 애니메이션, 동화책으로도 수없이 리메이크된 타잔(Tarzan) 시리즈일 것이다. 침팬지 연구의 대가인 제인 구달조차 "어릴 때 타잔을 너무나 좋아했고 그의 아내 제인보다 더 좋은 아내가 될 수 있다고 생각했다."고 했다.[1] 공교롭게도 구달의 이름도 제인이었다. 타잔이 어떤 영향을 미쳤는지 보여주는 단적인 예다.

<그림 1> 에드워드 버로즈

시간이 좀 지나면 늘 리메이크 되는 ≪타잔≫이란 세계적 캐릭터를 만든 이는

1) 구달은 타잔이란 영화와 그 속에 나오는 제인이 자신의 미래가 될 것임을 생각했다고 한다. 제인 구달, 박순영 역, 『희망의 이유』 궁리출판사, 2001 참조

미국작가 에드워드 버로즈(Edward Rice Burroughs, 1875~1950)였다.

시카고 태생인 그는 어려서부터 그리스어와 라틴어 학습에 흥미를 보였는데 때론 영어 작문보다는 그리스어나 라틴어 수준이 더 나을 정도였다고 한다. 고전고대 문학에 대한 관심은 후일 그가 작가로 성장할 수 있는 토양이 되었다.[2)]

1891년 시카고 지역에 전염병이 돌아 수백 명이 사망하자 그의 부모는 아이들을 보호하기 위해 한적한 곳인 아이다호(Idaho) 지역으로 이주했다. 남북전쟁 참전 군인이었던 아버지의 영향으로 버로즈는 미시건 군사학교에 입학해 수료한 뒤 웨스트포인트 육군사관학교에 들어가려 했다. 불행히도 입학시험에 불합격하는 좌절을 겪었다.

장교의 꿈을 버리지 못한 그는 일단 사병으로 미 육군에 입대해 장교가 되려는 계획을 세웠다. 입대 후 애리조나(Arizona)주 포트 그랜트(Fort Grant) 주둔 제7기병대에 배속되었으나 건강검진결과 '심장 잡음' 진단을 받고 1897년 제대했다.

그 뒤로 그는 판매사원, 회계 경리, 회사원 등 헤아릴 수 없는 직업을 전전했다. 그는 '연필 깎기' 판매에 종사하면서 당시 중산층을 파고들던 소설 관련 잡지를 보게 되었고 차츰 자신이 이야기를 만들어보면 어떨까 하는 생각을 갖게 되었다고 한다. 결

2) 버로즈에 대한 설명은 지금도 운영되고 있는 버로즈의 홈페이지에서 인용했다. www.tarzan.org/official_biography_part1.html

국 그는 실제로 몇 개의 이야기를 썼고 이들은 『다크호스코믹스(Dark Horse Comics)』라는 잡지에 실리기도 했다.

1911년 그는 장편을 쓰기 시작했는데 『데자 토리스, 마르티안 프린세스(Dejah Thoris, Martian Princess)』라는 제목의 다소 이국적인 내용이었다. 그는 이 소설을 『올-스토리(All-Story)』라는 잡지에 보냈고 편집자 토머스 멧캘프(Thomas Metcalf)는 『화성의 달 아래(Under the Moons of Mars)』라는 제목으로 1912년 2월부터 6월까지 연재했다. 버로즈는 처음으로 400달러의 돈을 벌었다고 한다.

자신감을 얻은 버로즈는 두 번째 소설을 썼으나 멧캘프가 연재를 거절해 다시 세 번째 소설을 썼는데 그것이 호평을 받았다. 이 작품이 바로 『유인원 타잔(Tarzan of the Apes)』이었다. 역사상 처음으로 '밀림의 왕자 타잔'이라는 캐릭터가 탄생한 순간이었다.

<그림 2> 버로즈의 출세작, 『유인원 타잔』

『유인원 타잔』은 1912년 10월호 『올-스토리』지에 연재되기 시작했고, 버로즈는 700달러를 다시 벌 수 있었다. 이듬해 이 『유인원 타잔』은 다시 책으로 출판되었다. 버로즈는 이에 힘입어 모두 26권의 타잔을 주인공으로 한 책을 펴냈다.

1919년에는 로스앤젤레스 북쪽에 목장을 사들여 타자니아(Tanzania)라는 이름을 붙였는데 바로 타잔의 마을이란 뜻이다. ≪타잔≫의 히트로 워낙 이 목장이 유명해지자 인근 시는 주민 협의를 거쳐 시의 이름을 아예 타잔의 도시라는 뜻인 '타자니아'로 바꾸었다.

1923년 그는 당시로서는 흔치 않았던 자신의 이름을 딴 회사(Edgar Rice Burroughs, Inc.)를 설립했으며 그와 관련된 저작권, 인쇄 문제를 관장토록 했다.[3)]

그 후 버로즈는 다시 하와이로 이주했으며 1941년 태평양전쟁이 발발하자 아들인 사진작가 허버트와 함께 전장을 누비며 최고령 종군기자로 활약하기도 했다. 종전과 함께 다시 캘리포니아로 돌아왔으며 1950년 영면했다.

≪타잔≫의 스토리는 다 알려진 대로이다. 영국 귀족 그레이스토크(Greystoke)경 부부는 임지인 아프리카로 가다 배가 난파되는 바람에 아프리카 서해안에 겨우 도착한다. 1년쯤 지난 뒤 부부는 사내아이를 낳지만 곧 세상을 뜨고 만다. 졸지에 고아가 된 아이는 곧 유인원 칼라(Kala)에 의해 키워지고 밀림을 정복

---

3) 지금 이 회사는 www.tarzan.org라는 인터넷 홈페이지를 운영하고 있다.

하는 정의의 사도가 된다. 인간이 유인원이 되어버린 것이다.

그러나 타잔은 끝내 아프리카에 온 탐험대와 접촉해 자신이 누구인지를 알게 되었고 영국으로 돌아간다. 자신의 본래 성인 그레이스토크 가문의 존 클레이턴(John Clayton)이라는 이름을 되찾는다. 미국 아가씨 제인(Jane Porter)과 결혼하지만 문명의 허식이 싫어 아프리카로 돌아와 밀림생활을 계속한다.

그의 곁에는 늘 충직한 친구였던 침팬지 치타(Cheetah)가 있었다. 인간의 진정한 친구로서 침팬지의 존재는 사실 타잔 시리즈를 살아 움직이게 만든 요소의 하나였다. 그래서 잊힐 만하면 영화로, 만화로 그리고 TV 시리즈로 부활해 우리 앞에 섰던 존재가 바로 유인원 인간 타잔이었다. 그리고 그곳에서 벌어지는 인간과 동물의 어드벤처와 판타지가 계속되고 있다.4)

타잔은 유인원과 인간과의 관계를 새롭게 설정했다는 점에서 전 세계인에게 유인원의 존재를 다시 알렸다. 유인원이 인간을 입양해 키웠고 또 나중엔 가장 친한 벗이자 동생이 바로 유인원이었기 때문이다.

2. 침팬지 영화배우 치타

세계 영화의 메카 할리우드가 이토록 매혹적인 주제를 간과

4) 버로즈의 원본 소설은 인터넷 사이트 www.thefreelibrary.com의 http:/burroughs.thefreelibrary.com/의 버로즈 인덱스에서 모두 읽을 수 있다.

할 리 없었다. 작가이면서 영화 각색으로 명성을 높이고 있던 시릴 흄(Cyril Hume, 1900~1966)이 버로즈의 소설을 영화로 만들기 위한 각색 작업을 맡게 된다.[5)]

흄은 워낙 유명한 작가 겸 각색자라 배우 캐스팅에도 상당한 권한을 행사했던 모양이다. 흄은 이 작품 각색에 집중하느라 어느 리조트 호텔에 투숙해 있었는데 그곳 수영장에서 근육질의 사내를 눈여겨보게 되었다. 흄은 그를 불렀다.

"어때요? 당신 영화에 한번 출연해 보지 않겠소?"

이 근육질 사내의 대답이 무엇이었을까? 예나 지금이나 영화배우라면 일단 매력이 확 당기지 않았을까? 더군다나 당시엔 라디오 시대였고 영화만이 시청각이 가능한 첨단 미디어였던 시절이니 말이다. 게다가 이 근육질의 사내는 이미 몇 편의 영화에 단역에 엑스트라로 얼굴을 내밀었으니 거절할 까닭이 없었다.

그가 바로 타잔의 주연으로 '스타 탄생'의 전형이 된 존 와이즈뮐러(Johnny Weissmuller, 1904~1984)였다. 그는 오스트리아-헝가리제국 시절 제국의 영토에 속했던 현재의 루마니아 서부 티미쇼아라(Timisoara)에서 태어났다. 그는 한때 미국 펜실베이니아에서 태어났다고 주장했으나 이는 미국 대표로 올림픽에

---

5) 흄은 1924년 ≪켄타우루스의 부인 The Wife of the Centaur≫이라는 영화의 원작자겸 각색자로 영화에 데뷔해 한 시대를 풍미했다. 그가 마지막으로 남긴 유고는 아들을 납치당한 백만장자의 투쟁기를 감동적으로 그려낸 ≪랜섬 Ransom≫이란 작품이었다. 론 하워드(Ron Howard, 1954~) 감독은 이 작품에 멜 깁슨(Mel Gibson, 1956~), 르네 루소(Rene Russo, 1954~) 등의 호화 캐스팅을 통해 블록버스터로 만들었다.

출전하기 위해서였다고 한다.

대개 유명한 체육 선수는 어릴 때 병약해서 운동을 시작했고 그러다보니 세계적 선수가 되었다는 말을 많이 하는데 와이즈뮐러는 그런 대답의 원조라고나 할까. 어릴 때 병약했던 그는 의사의 권유로 수영을 시작해 세계적인 수영선수가 되었다. 세계적이란 말이 전혀 어색하지 않게끔 5개의 올림픽 금메달에다 67번의 세계대회 우승이라는 금자탑을 쌓았다.

1929년 영화 ≪글로리파잉 디 아메리칸 걸 Glorifying the American Girl≫이라는 작품에 아도니스라는 단역으로 출연하는 등 주변을 맴돌다 흄에게 주연으로 '길거리 발탁'이 이뤄진 셈이다.[6)]

흄의 각색으로 만들어진 대본을 영화로 만든 사람은 우드브리지 반다이크(Woodbridge Strong Van Dyke, 1889～1943) 감독이었다. 이 첫 작품이 대형 블록버스터로 성공했던 『유인원 타잔(Tarzan the Ape Man)』(1932)이었다. 버로즈의 작품을 원작으로 했지만 전형적인 할리우드식 모험 활극으로 변형되었고 원작 상당 부분이 수정되었다. 버로즈의 냄새가 거의 나지 않는 흄 스타일의 타잔이 된 것이다.

---

6) 와이즈뮐러가 타잔으로 여성들의 우상이 되자 영화사 MGM은 그의 부인에게 10,000달러의 위자료를 주고 그를 이혼시켜 인기를 유지하게 하는 일까지 서슴지 않았다. 흥행을 위해 가정을 파괴하는 일은 그때나 지금이나 연예기획사의 입장에선 아무런 문제도 되지 않았나 보다. 그는 타잔 시리즈 성공 후 1948년부터 타잔 후속으로 진행된 ≪정글 짐(Jungle Jim)≫ 시리즈에도 출연해 인기를 모았다.

스토리를 보면 제임스 파커(James Parker)와 해리 홀트(Harry Holt)는 부자가 되려는 일념으로 코끼리 무덤을 찾아 아프리카로 떠난다. 상아를 구해 한몫 보겠다는 목적이었다. 파커의 딸 제인도 우연찮게 이 팀에 합류하게 되고 해리는 제인에게 반하게 된다.

타잔은 이들과 맞닥뜨리게 되고 제인은 두려움에 떨게 된다. 그러나 제인 일행은 무자비한 원주민 난장이족에게 생포되자 타잔의 친구인 침팬지 치타(Cheetah)를 보내 타잔의 도움을 요청하고 타잔은 이들을 구해내게 된다는 내용이다. 이후 와이즈뮐러 주연으로 모두 12편의 타잔 시리즈가 제작되었는데 역시 원작과는 다소 동떨어진 작품이 대부분이었다.

이런 가운데 원작에 충실하게 작품을 제작하자는 분위기가 대두되었다. 와이즈뮐러 판이 완전히 할리우드식으로만 가공됨으로써 원작의 이미지를 많이 훼손했기 때문이었다. 그 선봉에 선 사람이 영국 감독 휴 허드슨(Hugh Hudson, 1936～)이었다. 그가 제작, 감독한 ≪그레이스토크: 유인원의 왕, 타잔의 전설 Greystoke: The Legend of Tarzan, Lord of the Apes≫(1984)은 버로즈의 원작을 그대로 재현하는데 모든 것을 할애했던 작품이다.

≪하이랜더 Highlander≫ 시리즈에서 인상적인 연기를 보여준 크리스토퍼 램버트(Christopher Lambert, 1957～)가 타잔 역을 맡았다.[7)]

타잔의 인기는 그 뒤에도 여전히 계속되었다. 1999년에는 월트 디즈니에서 애니메이션 ≪타잔≫으로 만들어졌고 2003년에는 미국에서 신예 트래비스 핌멜(Travis Fimmel)과 사라 콜리즈(Sarah Wayne Callies)를 타잔과 제인으로 내세운 TV 시리즈도 제작되었다. 타잔은 아직도 여전히 새로운 어드벤처를 탄생시키며 오늘도 살아있다.

©Burroughs Memorial Collection, University of Louisville Library

<그림 3> 타잔으로 분한 크리스토퍼 램버트

타잔의 전설이 아직도 살아있는 것은 와이즈뮐러 주연의 영화에서 주연에 버금가는 호연을 보여준 치타 덕택이다. 그는 침팬지에 대한 기존의 야수이미지를 벗어던지고 사랑스런 애완동물로 인간에게 다가오도록 만드는데 결정적 기여를 했다.

치타가 우리를 더욱 놀라게 만드는 사실은 70세를 훌쩍 넘겨 살았다는 사실이다. 일반적으로 야생 침팬지의 평균 수명은 40～50세 중반이나 사람의 관심어린 보호를 받을 경우 이보다는 더 오래 산다고 한다.

치타의 장수는 이미 기네스(Guinness)북의 세계 기록에도 올

7) 또 스티븐 소더버그(Steven Soderbergh, 1963～) 감독의 화제작 ≪섹스, 거짓말 그리고 비디오테이프 Sex, Lies, and Videotape≫(1989)의 주연 앤디 맥도웰(Andie MacDowell, 1958～)이 제인 역으로 캐스팅되었다.

<그림 4> 세계 최고령 침팬지로 그림을 그리는 치타

라 있다. 치타는 미국 할리우드 스타들이 은퇴 후 여생을 보내는 캘리포니아 주 팜 스프링스(Palm Springs)에 있는 치타영장류재단(Cheetah Primate Foundation)의 보호를 받는다. 이 재단에서 보호받고 있는 영장류들은 주로 쇼비지니스 산업에 종사하다 퇴역한 동물들이 주류를 이루고 있다.

특히 치타는 2003년 5월 71세 생일 기념 특집 내셔널 지오그래픽(National Geographic)의 집중 취재보도로 세상에 다시 알려졌다. 치타는 너무 오랫동안 사람과 함께 살아와 다른 침팬지들과는 잘 어울리지 못하며 여가 시간엔 주로 TV를 보거나 잡지를(물론 잡지 속의 그림을) 본다고 한다. 본래 치타는 아프리카에서 사로잡혀 미국에 왔는데 그를 훈련시킨 사람은 토니 젠트리(Tony Gentry)였다. 현재 그의 조카이자 배우 겸 코미디언인 댄 웨스트폴(Dan Westfall)이 1990년대 초 치타를 입양해 돌보고 있다.8)

8) John Roach, "Tarzan's Cheetah's Life as a Retired Movie Star", for National Geographic News May 9, 2003, in http://news.nationalgeographic.com/news/2003/05/0509_030509_cheeta.html

1.2m의 키에 53kg의 치타는 와이즈뮐러와 함께 12편의 타잔에 출연했으며 1967년에는 동물의 말을 알아듣는 의사 존 두리틀(John Doolittle)을 중심으로 벌어지는 사건을 다룬 영화 ≪닥터 두리틀 Doctor Doolittle≫에도 출연했었다. 이 작품은 에디 머피(Eddie Murphy, 1961~) 주연으로 1998년에 1편, 2001년에 2편이 만들어졌다. 치타는 초기에 맥주와 담배를 즐겼으나 현재는 술과 담배를 끊고 지낸다고 한다. 치타는 그림도 많이 그리고 있는데 치타의 그림은 한 작품에 125달러에 팔리고 있다.

3. 괴물 고릴라 ≪킹콩≫

유인원의 이미지를 타잔과는 정반대 방향으로 가지고 간 작품이 있다. ≪킹콩 King Kong≫이다. 킹콩은 타잔에서 가진 침팬지 치타와 전혀 반대의 성격이었다. 사실 ≪킹콩≫은 대공황 시대와 맞물려 치밀하게 만든 캐릭터였다.

1929년 시작된 전 세계적 공황을 겪던 많은 사람들은 자신의 좌절감, 배신감에 허우적거리고 있었는데 이들을 일시적으로나마 구원해 준 게 바로 이 영화였던 셈이다. 영화 ≪킹콩≫은 그래서 현실에 배반당한 사람들에겐 꿈의 도피처요 훌륭한 대리 복수의 현장이기도 했다.

이 작품을 쓰고 감독한 인물은 메리언 쿠퍼(Merian C. Cooper, 1893~1973)이다. 그는 이 영화로 최고의 전성기를 맞이하게

<그림 5> 1933년 개봉당시 킹콩 포스터

된다. 그는 영화감독으로서는 특이하게 미국 해군사관학교 출신의 조종사였으며 그 뒤 조지아 주 방위군에 근무했다.

그는 또 1920년에 당시 신생 공산국 소련과 싸우고 있던 폴란드 군대를 돕기 위해 자원봉사자로 그곳 전투에 조종사로 참여했다. 거기서 필생의 친구인 어니스트 슈색(Ernest Beaumont Schoedsack, 1893~1979)을 만나게 된다. ≪킹콩≫은 두 사람의 공동 감독 작품. 쿠퍼는 같은 해 6월 조종하고 있던 비행기가 격추된 뒤 소련군에 잡혀 9개월간 전범으로 수형생활을 하기도 했다.

이 작품의 각본은 역시 쿠퍼의 것이다.[9)] 스토리 역시 다 알고 있는 그대로다. 흥행업자 칼 덴험(Carl Denham, 로버트 암스트

9) 영화의 마지막 크레디트에는 당시 영국의 유명 소설가 에드워드 월리스(Edward Wallace, 1875~1932)의 이름이 함께 들어있다. 월리스는 영국 출신의 작가, 기자이면서 일생동안 무려 175권의 책과 24편의 희곡, 그리고 수많은 기사를 쓴 다작 작가였다. 그의 작품 상당수가 영화화되기도 했는데 특히 독일에서 그의 작품이 인기가 높았다. 그는 쿠퍼의 초청으로 ≪킹콩≫의 각색을 하기 위해 미국으로 가려다 사망했고 실제로 ≪킹콩≫의 각색에는 참여할 수 없었다. 이를 애석하게 여긴 쿠퍼 감독이 크레디트에 그의 이름을 올려놓아 그를 추모하려 했다는 일화가 있다.

롱 Robert Armstrong 분)은 사업실패로 실의에 빠져있다 신비로운 섬으로 여행을 떠난다. 물론 쇼를 되살릴 새로운 존재를 찾기 위해서였다. 그는 그곳에서 엄청난 크기의 고릴라 킹콩을 발견하게 된다.

이제 뉴욕으로 끌려온 고릴라는 금발의 백인 여성 앤 데로(페이 레이 Fay Wray 분)를 사랑하게 된다. 마침내 전투기가 출격해 엠파이어 스테이트 빌딩 꼭대기에 매달린 킹콩을 공격하는 장대한 스펙터클로 이 영화는 끝난다. 그러나 이 장중한 스펙터클만 제외한다면 ≪킹콩≫의 내용은 결국 ≪미녀와 야수≫의 해피엔딩을 비극으로 바꾼 정도라고나 할까.

이 ≪킹콩≫은 약간의 변형 과정을 거쳐 1970년 존 길먼(John Guillermin) 감독이 당시 인기배우였던 제시카 랭(Jessica Lange · 드완 역), 제프 브리지스(Jeff Bridges · 잭 프레스코트 역) 등을 출연시켜 블록버스터로 만들었다.

그 후엔 다시 ≪반지의 제왕≫으로 세계적 흥행감독이 된 뉴질랜드 출신의 피터 잭슨(Peter Jackson)이 존 길먼의 76년 작품보다 훨씬 더 원본에 충실하게 작품을 제작했다. 앤 데로 역에는 신예 나오미 워츠(Naomi Watts), 칼 덴험 역에는 잭 블랙(Jack Black)이 캐스팅 되었다. 특히 주목할 만한 것은 ≪반지의 제왕≫에서 디지털 캐릭터 골룸의 기초 연기를 했던 연극배우 출신 앤디 서키스(Andy Serkis)가 다시 킹콩 역에 도전했다는 것. 개봉 작품 흥행에 성공했을 뿐만 아니라 대단히 호평을 받기도 했다.

<그림 6> 1976년 리메이크 ≪킹콩≫

쿠퍼 감독의 ≪킹콩≫은 고릴라 입장에서 생각해보면 너무도 억울한 일이 틀림없다. 정글에서 평화롭게 살던 고릴라는 졸지에 괴수 중의 괴수였고 화가 날 때면 가슴을 치며 포효하는 마치 20세기 후반 ≪쥐라기 공원≫의 포식공룡 티라노사우러스에 버금갈 캐릭터로 낙인 찍혀 버렸다. 동물원에서 고릴라를 보는 사람은 으레 킹콩을 생각했고, 그 고릴라는 괴수에 살인범 딱지를 붙인 채 살아야 했던 것이다.

≪킹콩≫이 남긴 고릴라의 이미지는 무척이나 고치기 힘들었다. 적어도 킹콩을 보면서 한 여자를 사랑하는 연민을 느끼던 사람도 없진 않지만 대부분은 괴물 ≪고릴라≫에서 크게 벗어나질 못했던 것이다. 그래서 고릴라는 괴물이 될 수도 있는 포악한 동물이라는 인식이 지배적이었다. 타잔에 나오던 침팬지 치타와는 정반대의 이미지가 고릴라에 내려 꽂혔던 것이다.

이와 같은 대중의 부정적 인식을 시정하려는 최초의 노력은 조지 쉘러(George Schaller, 1933～) 박사에 의해 시작되었다. 알래스카 대학과 위스콘신 대학에서 공부한 그는 위스콘신 대학에서 박사 학위를 받은 동물학자. 그는 일생을 야생 동물에 온몸을 던졌으며 그의 경력 50여년 대부분이 아프리카의 정글과 아시아의 히말라야 등 오지 연구로 일관했다. 또한 동물 보호를 위해 수많은 저술을 펴낸 인물이기도 하다.

<그림 7> 조시 쉘러의 역작 『고릴라의 해』 표지

그가 자이레(현 콩고)의 비룽가 지역에 거주하는 마운틴 고릴라를 1959년부터 이듬해까지 1년여 관찰한 결과가 바로 『고릴라의 해(The Year of the Gorilla)』라는 책[10]이었다. 이 책은 고릴라는 온순한 채식주의자로 작은 단위의 무리 생활을 함을 사람들에게 전해주었다. 그러나 쉘러 박사의 고릴라 관찰기는 그것으로 끝이었고 더 깊이 들어가진 않았다. 쉘러 박사의 관심이 단순히 고릴라에만 머물지 않았기 때문이다. 야생동물보호협회(Wildlife Conservation Society) 부회장으로서 과학탐사프로그램을 담당하고 있는 그의 눈에 보호가 시급한 동물이 어디 한 두개였을까.

그는 고릴라 이외에 다른 지역의 멸종 위기에 있는 동물도 역시 현장에서 관찰하고 그 기록을 책으로 펴냈다. 그리고 동시에 이들을 보호하기 위한 모든 활동을 다 하였다.

---

10) George B. Schaller, *The Year of the Gorilla*, Chicago: The University of Chicago Press, 1997.

그의 저서에는 중국의 판다 곰과 사자, 히말라야 산악지대 동물 등 세계 각지의 다양한 동물 등 다양한 관심사가 나타나 있다.[11]

4. 피에르 불르의 발칙한 상상

대중예술의 유인원들은 늘 편파적인 모습으로 그려져 왔다. 타잔에 나오는 치타처럼 늘 인간의 흉내를 내며 아양을 떨거나, 아니면 킹콩처럼 괴수가 되어 인간을 공격하는 존재이다. 인간처럼 말하고 싶어 하기도 하지만 그들의 존재는 여전히 열등했다. 야수 아니면 애완동물 수준이었다.

그들이 과거 어느 때 인간과 같은 조상에서 갈라져 나왔다는 진화론의 인식마저도 이런 대중적 인식을 바꾸진 못했다. 그러나 유인원에 대한 연구가 진행되면서 유인원에 대한 인간의 인식도 급속히 변모하기 시작했으며 특히 문학과 영화에서 하나의 장르로 자리 잡기 시작했다.

이는 곧 '인간은 만물의 영장'이라는 헤브라이즘의 신화를 정면으로 공박하는 것으로서 인간과 유인원 더 나아가 인간과 자연의 일방적인 지배-피지배 관계의 근본적 변화를 모색하는 계

---

11) *Giant Pandas: Biology and Conservation / The Serengeti Lion : A Study of Predator-Prey Relations / Stones of Silence: Journeys in the Himalaya* 등이 대표적인 그의 저서이다.

기가 되었다고 할 수 있다.

만약 유인원이 인간보다 훨씬 더 지혜로워 진다면? 그래서 유인원이 인간과 인생 역전 된다면? 유인원이 인간 노예를 사육하고 부리는 그런 세계 말이다. 좀처럼 인정하고 싶지 않은 이 불편한 구조를 거리낌 없이 펼쳐 보인 이가 있다. '만물의 영장'으로서 이 세상을 지배해온 인간의 오만과 편견에 대한 강력한 경고였다.

이런 '발칙한' 발상을 제일 먼저 한 사람은 프랑스의 소설가 피에르 불르(Pierre Boulle, 1912~1994)였다. 프랑스 아비뇽(Avignon) 태생인 불르는 1939년 군인으로 인도차이나 지역에서 근무했으며 말레이시아에서 일본군을 상대로 유격전을 펴다 일본군에 체포되었다.

<그림 8> 피에르 불르

그 후 1944년 탈출할 때까지 강제수용소에 수감되었다. 그는 이런 활동으로 프랑스 최고 영예인 뢰종도뇌르 훈장을 받기도 했던 인물. 그는 이 전쟁 경험을 소설로 옮겼는데 그 작품이 바로 유명한 『콰이강의 다리(Le pont de la riviere Kwai)』[12]이었다.

그 성공에 힘입어 불르가 1963년 쓴 소설이 바로 ≪혹성 탈

12) 이 소설은 1957년 데이비드 린(David Lean, 1908~1991) 감독이 동명의 영화로 만들어 50년대에 가장 뛰어난 명화로 남아있다.

출 La Planete des Singes≫이었다. 본래 '유인원의 행성'이라는 번역이 정확하지만 일본에서 조금 더 감각적 번역을 한 끝에 혹성탈출이란 이름이 붙었고 우리 사회에서도 별 비판 없이 쓰고 있는데다 이미 동명의 영화로도 사용되고 있어 이 책에서도 이 제목을 그대로 수용했다.

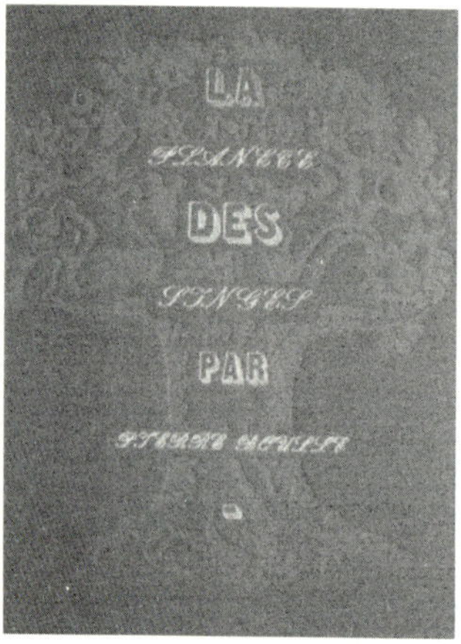

<그림 9> 불르의 1963년 소설 표지

불르의 소설을 토대로 프랭크 샤프너(Frank Schaffner, 1920~1989)[13] 감독이 1968년 만든 작품이 우리말로는 ≪혹성 탈출≫

13) 프랭크 샤프너 감독은 TV에서 활동한 후 영화에서 빛을 발한 감독. 1968년 혹성 탈출 이후 걸작을 많이 내놓았다. 2차대전 때 탱크부대 지휘자였던 전쟁 영웅 패튼 장군을 통해 전쟁을 사실적으로 조명한 ≪패튼 Patton≫(1970)을 시작으로 1973년엔 영화사에서 걸작으로 꼽히고 있는 ≪파피용 Pappillon≫을 감독했다. 프랑스의 작가 앙리 샤리에르(Henri Charriere, 1906~1973)의 자전 소설을 감동적으로 그려내었다. 주인공 샤리에르 역에는 스티브 맥퀸

<그림 10> 1968년 작 ≪혹성 탈출≫의 유인원

로 명명된 ≪유인원 행성 The Planet of Apes≫이었다. ≪벤허 Ben-Hur≫(1959)의 히어로 찰턴 헤스턴(Charlton Heston, 1924~2008)이 주인공 조지 테일러(George Taylor) 역으로 출연했던 이 작품은 전례 없는 흥행을 거두었다.

이 흥행에 힘입어 그 이후에만 모두 네 편의 속편이 제작되었

(Steve McQueen, 1930~1980)이, 그리고 우유부단한 루이 드가 Louis Dega 역에는 더스틴 호퍼만(Dustin Hoffman, 1937~)이 명연기를 펼쳤던 명작 영화로 남아있다. 자유를 찾아 '나비'처럼 날아갔던 샤리에르의 절규를 보면서 독재정권 시절의 암울함을 삭였던 사람들에게는 유독 애착이 많이 갔던 영화로 남아있다. 1978년 그가 내어 놓은 또 하나의 문제작은 ≪브라질에서 온 소년 The Boys from Brazil≫이다. 미국작가 이어러 레빈(Ira Levin, 1929~)의 소설을 원작으로 한 이 영화는 나치의 제3제국이 부활하기 위해 여전히 활동하고 있으며 특히 인간 복제를 상징하는 등 과학 스릴러적 묘사가 돋보이는 작품이었다. 그레고리 펙(Gregory Peck, 1916~2003). 로렌스 올리비에(Laurence Olivier, 1907~1989) 등 당대의 명배우들이 주연을 맡았다. 그의 마지막 작품은 1989년 작 ≪웰컴 홈 Welcome Home≫. 베트남전에서 전사했다고 가족들에게 통보했던 제이크 Jake. 그런데 그는 살아 돌아왔고 장례식까지 치른 가족들은 당황해 하는, 전쟁의 상처를 보듬어간 작품. 주인공 제이크 역에는 가수 겸 배우인 크리스 크리스토퍼슨(Kris Kristofferson, 1936~). 그는 노래보다 연기에 더욱 주력하고 있는데 2003년 ≪혹성 탈출≫에서도 카루비 Karubi 역으로 얼굴을 내밀었다.

다. 1970년 ≪유인원 행성 아래에서 Beneath the Planet of the Apes≫(1970), ≪유인원 행성 탈출 Escape from the Planet of the Apes≫(1971), ≪유인원 행성 정복 Conquest of the Planet of the Apes≫(1972), ≪유인원 행성 전투 Battle for the Planet of the Apes≫(1973) 등이다. 그 후 TV 시리즈로도 제작되어 인기를 누렸다.

내용은 이렇다. 서기 3978년. 우주 조종사 테일러를 비롯한 3명의 우주조종사는 우주에서 조난한 끝에 이름 모를 행성에 불시착하게 된다. 그런데 그곳의 지배자는 놀랍게도 유인원이었다. 고릴라, 침팬지 그리고 오랑우탄은 말을 하고 완벽한 직립 보행을 하고 있었다. 그 뿐만 아니라 강력한 무기와 힘, 그리고 머리를 가지고 있었던 것이다.

이곳에서 인간은 동물 중에서도 가장 비참한 상태로 사육되는 노예였다. 그들은 그곳에서 뇌수술을 받아 뇌의 기능이 정지된, 실제로 인간성은 소멸되었으되 몸만 살아있는 노예 생활을 하고 있었다. 테일러 일행 3명 중 1명은 이들과 격투 끝에 죽었고 나머지는 유인원의 포로가 되었다.

유인원의 도시로 끌려간 테일러는 또 다른 도전에 직면한다. 오랑우탄으로 의회 의원인 자이우스(Zaius) 박사(모리스 에번스 Maurice Evans 분, 1901～1989)는 유인원이 인간의 지배를 받았던 역사를 잘 알고 있음에도 처음부터 유인원이 인간을 지배해왔다는 주장을 편다. 테일러는 당연히 이에 이의를 제기하게 되며 결정적인 위기에 처하게 된다.

동료들을 다 잃은 테일러는 인간에 우호적인 유인원 의사 자이라(Zira) 박사(킴 헌터 Kim Hunter 분, 1902~2002)의 도움으로 포로로 잡혀있던 노바(Nova)(린다 해리슨 Linda Harrison 분, 1945~)와 함께 탈출한다. 테일러는 천신만고 끝에 유인원 도시를 빠져나와 바닷가에 닿았고 자유를 만끽한다.

그것도 잠시. 그는 물안개 자욱한 바다 한 쪽에서 거대한 석상의 잔해, 그것도 너무나 눈에 익숙한 석상을 발견한다. 놀랍게도 그것은 뉴욕에 있던 '자유의 여신상' 머리 부분. 유인원의 행성인줄 알았지만 이곳은 바로 미래의 지구였던 것이다.

인간이 만들어낸 핵무기로 핵전쟁이 일어난 끝에 결국 인간은 하등 동물이 되었고 유인원이 지배 세력이 된 것임을 테일러는 깨닫게 된다. 인간의 오만과 편견에 인류는 다 멸망해 버리고 그 자리를 유인원이 차지한 것이다. 그는 더 이상 받아들일 수 없는 암흑한 현실에 그저 주저앉아 땅을 치고 통곡하는 수밖에.

불르의 오리지널 소설도 탁월했지만 유인원을 만들어낸 특수분장에다 인간의 편견과 오만에 대한 문명 비판적 요소가 강해 이 시대에 가장 강력한 메시지가 된 걸작 영화였다.

5. 팀 버튼의 새로운 도전

1968년 최초 작품 이후 네 편에 달하는 속편에다 이미 TV

시리즈로까지 제작되는 바람에 다소 식상해 있던 관객들은 또다시 만들어진 리메이크 작에 관심을 가졌다. 흔해빠진 작품이 될 가능성도 있었지만 관객이 주목한 것은 바로 팀 버튼(Tim Burton, 1958～)[14] 감독 때문이었다. 영화계에서 끊임없는 문제를 제기

14) 어릴 때부터 그림을 그렸으며 공포 영화광이기도 했던 버튼은 캘리포니아 예술대 California Institute of the Arts에 진학한 뒤 애니메이션을 전공했다. 그는 디즈니사의 장학금을 받았고 졸업 후 그곳에서 일을 시작했다. 그러나 그가 관여했던 첫 작품인 ≪여우와 개 The Fox and the Hound≫(1981)에서는 자신의 개성을 살릴 수 없었다. 디즈니는 그에게 독창적인 작품 제작을 허용했고 그것이 바로 단편 애니메이션 ≪빈센트 Vincent≫(1982)였다. 1950년대 공포영화의 단골주역이었던 빈센트 프라이스(Vincent Price, 1911～1993)를 소재로 한 작품이다. 어린 빈센트 멀로이 Vincent Malloy가 자신의 우상 빈센트 프라이스를 꿈꾸며 일어나는 해프닝을 다룬 단편. 버튼 감독은 자신의 영화 칼라를 유감없이 보여준 ≪가위손 Edward Scissorhands≫(1990)에서 가위손(자니 뎁 Johnny Depp, 1963～)을 만든 발명자 The Inventor에 결국 빈센트 프라이스를 캐스팅해 우상에 대한 보답을 했다. 그 후 27분짜리 프랭큰위니 Frankenweenie(1984)를 만들었으나 어린이에게 상영 불가하다는 판정을 받았다. 그러나 영화를 감명 깊게 본 작가겸 코미디 배우 폴 루벤스 Paul Reubens는 버튼에게 자신의 작품 ≪피위의 대모험 Pee-wee's Big Adventure≫을 감독해 줄 것을 요청했다. 이 작품은 버튼을 흥행 감독의 대열에 오르게 한 기폭제가 되었다. 이 작품의 후속작인 호러영화 ≪비틀주스 Beetlejuice≫(1988)는 흥행에 성공하기도 했으면서 까다로운 비평가들로부터도 극찬을 받게 되었다. 이 작품에는 알렉 볼드윈 Alec Baldwin, 지나 데이비스 Geena Davis, 마이클 키튼 Michael Keaton 등 호화 배역으로도 화제를 모았다. 이듬해 4,500만 달러의 제작비로 기록적인 흥행을 올린 블록버스터 ≪배트맨 Batman≫(1989)은 버튼을 할리우드 블록버스터 흥행감독의 일원이 되게 했다. 그 후 ≪가위손 Edward Scissor-hands≫(1990), ≪크리스마스의 악몽 The Nightmare Before Christmas≫(1993), ≪에드 우드 Ed Wood≫(1994), ≪화성침공 Mars Attacks≫(1996), ≪슬리피 할로우 Sleepy Hollow≫(1999) 등을 통하여 동화적 아름다움과 공포영화의 전율, 코미디적 요소가 뒤섞인 특유의 영화스타일을 보여주었다. 이런 흐름의 종합이 2003년에 제작된 ≪빅피쉬 Big Fish)≫이었다. 그러나 이 작품은 버튼이 교과서적인 감독으로 돌아왔다는 점에서 비평가들의 호감을 사기엔 충분했지만 버튼의 전통적 마니아들을 실망시켰다는 비판도 동시에 받았다. 단골 주연 자니 뎁(Johnny Depp, 1963～)

해왔던 버튼의 색깔이 2001년 작에서 어떻게 다듬어져 나올지 궁금해 했기 때문이다.

불르의 원작 스토리, 그리고 샤프너 감독의 1968년 작과는 약간 다른 상황으로 시작된다. 시대는 초판에 비해 1949년이나 앞당겨진 서기 2029년. 현대 과학의 발전 속도가 급속히 빨라지고 있음을 반영한 것일 게다.

미국 공군대위 레오 데이빗슨(Leo Davidson)(마크 월버그 Mark Wahlberg 분, 1971～)은 오베른 우주 기지에서 침팬지에게 소형우주선 조종법을 가르친다. 위기 시 침팬지가 먼저 위험 지역에 투입되는 것이다.

영화에선 자기 폭풍(Magnetic Storm)이 닥치면서 위기가 온다. 태양면 폭발 이후 26시간 정도 지나면 지구 자기자의 세기나 방향이 심하게 변동되는데 이를 자기 폭풍이라고 한다. 자기 폭풍은 태양면 폭발로 분출된 고속의 플라즈마 흐름이 지구에 도달하여 전리층에 비정상적인 전류가 발생하기 때문으로 추정된다.

자기 폭풍이 일어나고 있을 때는 태양으로부터 오는 플라즈마에 의해 당연히 이온층도 교란된다. 실제로 전자 밀도의 크기 및 각 층별 높이가 전 세계적으로 변화하는 것이 확인되는데 이를 이온층 폭풍(Ionospheric storm)이라고 한다. 자기 폭풍이 수그러진 후에도 이온층의 교란은 얼마간 남아 있다. 이온층 폭풍

을 주연으로 ≪찰리와 초콜릿 공장 Charlie and the Chocolate Factory≫(2005)도 있다.

<그림 11> 팀 버튼 감독의 리메이크 《혹성 탈출》 포스터

이 일어나고 있을 때 단파 통신이 전 세계에 걸쳐서 장시간 장애를 받는다. 영화에서는 이 자기 폭풍을 통해 시간이 교란되는 것을 상징하는 것이다.

이 자기 폭풍 속으로 침팬지가 소형 우주선을 타고 들어가지만 실종되고 만다. 레오는 상부의 지시를 무시한 채 침팬지를 구하러 자기 폭풍 속으로 들어갔다 어느 행성에 추락하고 만다. 여기서부터는 1968년 작과 비슷하다. 유인원들은 인간을 사냥하러 정글에 들어왔고 레오 역시 그들의 포로가 된다.

유인원의 도시에서는 권력 투쟁이 한창이다. 인간을 말살해야 한다는 강경파 장군 테드(Thade)(팀 로스 Tim Roth 분, 1961～). 그는 의회를 해산한 뒤 전권을 쥐고 싶어 하는 권력 지향형 유인원이다. 그러나 인간을 보호하고자 하며 특히 레오에게 인간 이상의 연정을 가지는 아리(Ari)(헬레나 본햄 카터 Helena Bonham Carter 분, 1961～)는 사사건건 테드와 대립한다.

게다가 테드는 아리와 결혼할 생각도 가지고 있지만 아리가 호응을 보이지 않은 것도 그의 감정을 자극한다. 결국 레오는 아리의 도움으로 탈출한다. 자신이 타고 온 소형 우주선이 가라앉은 호수에서 모함 추적 장치를 발견하지만 정작 그곳엔 추락한 우주선만이 있다.

테드 장군은 아예 전권을 장악한 뒤 인간을 멸종시키기 위해 유인원 부대를 끌고 레오를 추적하게 된다. 레오를 비롯한 인간들은 이제 유인원 부대의 공격 앞에 무너져 내릴 참이었다. 레오의 편에 있던 아리는 테드 장군을 찾아가 하소연해 보지만 그는 아리의 손바닥에 인간 노예를 뜻하는 낙인을 찍고 만다. 최후의 순간은 다가온다. 마침내 유인원 부대가 인간을 향해 마지막 공격을 감행해 전투가 벌어지고 있을 때 하늘에서 빛이 다가온다.

그 빛은 무엇일까? 사실은 빛이 아니라 소형 우주선이었다. 레오가 찾아 나섰다 잃어버렸던 바로 그 침팬지가 탄 소형 우주선이 뒤늦게 도착한 것이다. 공교롭게도 시간은 다시 난마처럼 얽혀있다. 그는 바로 유인원들이 믿고 있는 시모스 즉 그들 메시아의 재림이다.

이 장면 역시 서양 문명의 근원이라 할 기독교를 철저히 패러디한 부분이다. 유인원의 메시아였던 세모스의 재림. 세모스는 바로 레오가 훈련시켜 자기 폭풍 속으로 보냈던 침팬지였다. 어떻든 테드 장군이 죽이려던 인간 레오가 재림한 '예수' 세모스의 친구라는 사실은 테드의 권력이 일거에 허물어져 버림을 보여준다. 테드는 인간의 멸종을 통해 권좌에 오르려는 인물이었기 때문이다.

영화는 이때부터 팀 버튼답지 않은 판에 박힌 듯 너무도 평범한 도식으로 진행되며 결국 이 행성에서 유인원과 인간의 공존이라는 해피엔딩을 향한다. 유인원이 타고 온 소형 우주선을 타고 다시 자기 폭풍을 향해 돌아가는 레오는 지구로 돌아온다. 엔진이 고장난 끝에 불시착한 곳은 워싱턴 시내. 링컨 기념관 앞에서 겨우 멈춰선 레오는 기념관 안으로 들어간다. 그러나 거대한 링컨 석상이 있어야 할 곳엔 유인원 테오의 거대한 석상이 그를 내려다본다. 그리고 그를 추적해온 경찰과 기자들 모두 유인원이다. 레오는 그들에게 잡혀가며 황당무계한 표정을 짓는다.

아마도 팀 버튼의 독특한 칼라를 기대했던 버튼 마니아 입장에서 이 영화는 실망스럽기 그지 없다. 마지막 링컨 기념관의 반전도 1968년 작에서 보여준 자유의 여신상 머리 부분의 잔해에서 크게 벗어나지 않는다. 게다가 이 영화에서는 샤프너의 작품이 보여주었던 인간 문명 비판이라는 부분은 철저히 생략되어 있다. 그저 조롱하고 비아냥하는 팀 버튼의 색깔만이 살아있는데 그게 이 영화의 미덕이라면 미덕이다.

팀 버튼 감독은 이 영화를 통해 1968년 작품을 뛰어 넘으려는 의도를 드러내고 있지만 그리 성공한 것처럼 보이진 않는다. 다만 1968년 작의 주연 찰턴 헤스턴은 이 영화에서 테드의 아버지 유인원 역으로 카메오 출연했다. 특히 헤스턴은 테드 아버지로서 "반드시 그 인간을 없애라! 인간은 가장 잔인하고 교활한 종족이다."라고 말하지만 카메오의 역할에 충실했을 뿐 전작의 성공을 쉽게 뿌리치게 만들진 못했다.

게다가 68년 작의 여주인공 노바였던 린다 해리슨은 유인원에 붙잡혀 우리에 갇혀 잡혀오는 여인으로 깜짝 출연했다. 버튼은 내심 이를 통해 샤프너 작품을 능가해 보려 했을 성 싶다. 그러나 68년 작이 훼손되거나 이 작품이 전작을 뛰어넘는다는 평가를 팀 버튼 감독이 이뤄내진 못했다.

다만 당연한 것이지만 과거 작품에서 볼 수 없었던 기술발전을 보여준다. 1968년 작의 특수 분장도 우수했지만 이번 작품의 분장은 더욱 발전되었다. 마스크를 썼던 그들에게서도 가장 미묘한 얼굴 표정과 연기를 생생하게 느낄 수 있었기 때문이다.[15)]

이에 힘입어 유명 배우들이 이 영화에서는 유인원 역을 거리낌 없이 맡았고 또 슬픔과 분노가 얼굴에서 너무도 정확히 표현되었던 것은 이 영화의 또 다른 성과라고 할 수 있다.[16)] 하나

---

15) 그것은 바로 특수 분장의 대가 릭 베이커(Rick Baker, 1950~)의 몫이다. 할리우드에서 가장 유명한 특수 분장의 대가인 그는 1996년 작 ≪너티 프로페서 The Nutty Professor≫에서 에디 머피(Eddie Murphy, 1961~)를 엄청난 뚱보로 변신시킨 적도 있다. ≪멘 인 블랙 Men in Black≫(1997)의 외계인들, ≪그린치 How the Grinch Stole Christmas≫(2000)의 주인공 그린치의 짐 캐리(Jim Carrey, 1962~) 등 주요 블록버스터 영화의 특수 분장은 그를 빼놓곤 얘기하기 어려울 정도의 전문가.

16) 예컨대 퀸튼 타란티노(Quentin Tarantino, 1963~) 감독의 화제작 ≪저수지의 개들 Reservoir Dogs≫(1992), ≪펄프 픽션 Pulp Fiction≫(1994) 등에서 분노와 광기가 쏟아져 내리던 팀 로스는 특수 분장 위에서도 여전히 광기가 빛나는 연기를 보였다. 또한 허버트 어스퀴트(Herbert Henry Asquith, 1825~1928) 전 영국 총리의 후손인 헬레나 본햄 카터는 명문가 출신답게 데뷔 이후 주로 전형적 영국 여인상을 구축해온 배우였다. 영국 소설가 포스터(E. M. Forster, 1879~1970)의 대표작을 제임스 아이버리(James Ivory, 1928~) 감독이 연속 영화로 만들었던 ≪전망 좋은 방 A Room with a View≫(1985)의 루시 하니처치(Lucy Honeychurch) 역과 ≪하워즈 엔드 Howards End≫(1992)의 헬린 쉴레겔(Helen Schlegel) 역 등이 그렇다. 그런데 그는 이 영화에서 유인원으로 분장했고 그녀가 카터인지 도대체 알아볼 수 없었지만 인간 레오에 대한 이뤄질 수 없는 사랑과 연민이 특수 분장사이로 스며든 연기를 펼쳤다. 그는 팀 버튼과 카터는 이 영화 촬영을 계기로 결합했고 아들 하나를 두고 있다.

덧붙인다면 이 작품은 팀 버튼의 또 다른 리바이벌 작품 ≪배트맨 Bat Man≫(1989)에 못지않은 흥행을 기록하기도 했다.

6. 사라진 유인원 영화

유인원을 주인공으로 했던 영화는 1950년대부터 자주 등장했지만 기억의 저편에 묻혀버린 것도 적지 않다. ≪타잔≫에 나온 치타의 친근한 이미지에 힘입어 1950년대에도 침팬지는 인간의 가장 가까운 이웃으로 영화의 주인공이 되었다.

이 시기 침팬지 영화의 주역은 프레더릭 더 코도바(Frederick

노예상 림보(Linbo) 역의 폴 지아매티(Paul Giamatti, 1967~), 테드 장군에 실각한 애터(Attar) 대령 역의 마이클 클락 던컨(Michael Clarke Duncan, 1957~)의 연기도 생생하게 살아있다. 던컨은 한때 미식 축구선수를 지망할 정도로 거구였다. 그러나 남편도 없이 오직 아들 하나만을 키우던 어머니의 반대로 스포츠를 그만두고 배우가 되기를 원해 할리우드로 건너 갔으나 단역을 전전했다. 그러다 주요 스타로 발돋움하게 된 계기는 1998년 마이클 베이(Michael Bay, 1965~) 감독의 블록버스터 ≪아마게돈 Armageddon≫에 출연하면서부터. 당시 이 작품의 주연이었던 대형 스타 브루스 윌리스(1955~)는 그의 연기에 주목하게 된다. 윌리스는 때마침 스티븐 킹(Stephen King)의 원작 소설 ≪그린마일 The Green Mile≫을 영화로 만들려던 프랭크 대러본트(Frank Darabont, 1959~) 감독에게 그를 추천했고 윌리스의 연기는 빛을 발하기 시작했다. 이 영화의 주연은 흥행 스타 탐 행크스(Tom Hanks, 1956~)였으나 가장 호평을 받았던 연기자는 사형수 존 코피(John Coffey) 역을 열연한 던컨이었다. 살인죄로 사형선고를 받았지만 전혀 사형을 저지를 수 없는, 게다가 초능력까지 겸비한 캐릭터였다. 작은 일에도 눈물을 흘리며 슬퍼하는 그의 모습을 보면서 저 거구에서 천사의 빛이 흘러나오는 느낌을 받았을 정도로 아름답고도 정말 인상적인 연기를 보여준 작품. 던컨의 물오른 연기가 이 작품을 떠받치고 있는 한 축이다.

De Cordova, 1910～2001) 감독이다. 그가 만든 작품이 바로 ≪베드 타임 포 본조 Bedtime for Bonzo≫(1951)이었다.

배우로서 큰 성공을 거두진 못했지만 오히려 정치인으로 두각을 나타냈던 미국 40대 대통령 레이건(Ronald Wilson Reagan, 1911～2004)이 주연으로 나온 영화. 당시보다 영화 제작이후 30 년이 경과한 뒤 주인공이 대통령이 되었다는 사실 때문에 더 유명해진 작품이다.

<그림 12> ≪베드 타임 포 본조≫에 출연한 레이건 전 대통령과 침팬지 포스터

피터 보이드(Peter Boyd · 레이건 분) 교수는 유전설을 신봉하는 학장 한스 노이만(Hans Neumann · 월터 슬레작 Walter Slezak 분)의 견해가 잘못되었으며 환경이 보다 중요하다는 점을 증명하기 위해 본조(Bonzo)라는 침팬지를 데려다 키우며 일어난 에피소드를 담았다.

개봉 때엔 꽤나 주목을 받았던 모양이다. 코도바 감독이 이듬해에 속편 ≪대학에 간 본조 Bonzo Goes to College≫(1952)를 만들었기 때문이다. 언어를 이해하게 된 침팬지 본조가 대학의 풋볼 감독인 드류(Drew · 에드먼드 그웬 Edmund Gwenn 분)의 손녀 베스티(Besty · 지지 페로 Gigi Perreau 분)에게 입양이 된다. 게다가 축구를 잘해 대학축구 선수로 참여하려 하면서 벌어지는 좌충우돌의 소동을 다뤘던 슬랩스틱 코미디였다.

레이건은 가난한 구두판매원의 아들로 태어나 할리우드로 가서 배우의 꿈을 꾼 인물. 1937년부터 1964년까지 약 50편의 영화에 출연했지만 거의 주목을 받지 못했다. 그러나 1947년 미국영화배우협회 회장에 선출되면서 두각을 나타냈고 그 후 보수주의자로 정치의 길을 갔다.

1966년 캘리포니아 주 주지사로 당선되어 공직에 나섰고 1968년부터 공화당 대통령 후보로 출마했으나 후보선출에는 성공하지 못했다. 그러다 1980년 공화당 대통령 후보로 지명되었고 대통령에 당선되어 8년간 대통령직을 수행했다.

미국 역대 대통령 중 가장 고령의 나이인 70세의 나이에 대통령이 되었고 미국 대통령 중 이혼 경력이 있는 첫 대통령이기도 했다. 지금도 미국에서 가장 존경받는 대통령으로 꼽히고 있는 인물이며 미국인이 가장 좋아하는 대통령이기도 하다. 2004년 6월 5일 캘리포니아 자택에서 93세를 일기로 타계했다.[17)]

한편 영화화 된 소설 ≪쥐라기 공원≫의 원작자인 소설가 마이클 크라이턴(Michael Chrichton, 1942～2008)도 이 대열에 가담했다. 그의 초기 1979년 작품 ≪콩고≫가 바로 고릴라를 주

---

17) 레이건 대통령에 관해서는 김형곤 지음, 『로널드 레이건-가장 미국적인 대통령』, 살림출판사, 살림지식총서 304호, 2007 참조

인공으로 했으며 나중에 프랭크 마샬(Frank Marshall, 1946~)[18] 감독에 의해 영화화되었다.

콩고의 주인공은 버클리 대학에서 피터 엘리엇(Peter Elliot) 박사(딜런 월시 Dylan Walsh, 1963~)가 연구하고 있는 에이미(Ame)라는 암컷 고릴라이다. 휴스턴에 있는 지구자원개발기술연구소(ERTS)의 카렌 로스 박사(Karen Ross · 로라 리니 Laura Linney[19] 분, 1964~)는 콩고에서 지하자원 조사팀을 지원하는 콩고프로젝트 팀장.

그러나 콩고조사대원 8명이 한꺼번에 살해당하는 비극이 닥치게 되자 진상조사단이 파견되게 된다. 이때 엘리엇 박사와 에이미도 합류하게 된다. 이들은 콩고 현지에서 돌을 무기로 사용하는 일단의 고릴라들과 만나게 되고 에이미는 인간과 고릴라의 통역으로 나서게 된다.

소설이 쓰였던 1979년이란 시대를 고려하면 크라이턴은 광통신, 위성 노트북 등 당시에는 생소한 첨단 기술을 대폭 등장시

---

18) 프랭크 마샬이 감독으로서 우리에게 알려진 계기는 ≪얼라이브 Alive≫(1993)이라는 영화다. 우루과이 럭비 팀이 탄 비행기가 안데스 산맥에 추락하자 인육까지 먹어가며 결국 살아남는다는 실화를 영화로 옮겼다. 그는 감독보다는 제작자로서 훨씬 더 잘 알려져 있다. ≪식스 센스 The Sixth Sense≫(1999), ≪본 아이덴터티 The Bourne Identity≫(2002), ≪사인 Signs≫(2002) 등 흥행대작의 제작자이다. 2004년 개봉작인 ≪쥐라기 공원 4 The Jurassic Park IV≫나 2006년 개봉작 ≪인디애나 존스 4 Indiana Jones 4≫의 제작도 맡았다.

19) 그녀는 1998년 피터 웨어(Peter Weir, 1946~) 감독 흥행작 ≪트루먼쇼 The Truman Show≫에서 주인공 트루먼(짐 캐리 Jim Carrey, 1962~)을 쇼에서 탈출시키는 데 결정적 역할을 한 애인 메릴 Meryl 역으로 호연하는 등 활발한 활동을 하고 있다.

켜 하버드 의대출신 과학도다운 다양한 첨단기술로 무장하고 있다.

특히 에이미를 통해 동물과 인간의 언어 소통을 주요 소재로 삼았다는 점에서 미국에서는 과학 스릴러 분야에서 가장 지명도가 높은 소설 중의 하나로 꼽히고 있다. 에이미가 소설 속에서 구사할 수 있는 것으로 묘사된 수화는 대략 6백여 개인데 이는 2000년 초 보노보 캔지가 구사하고 있는 어휘 수와 비슷한 것으로 이 역시 크라이턴의 혜안을 엿볼 수 있는 대목이다.

영화로서의 성패는 고릴라를 얼마나 사실적으로 그리느냐는 리얼리티의 문제였는데 고릴라 가죽을 뒤집어 쓴 분장이 대단히 어색할 정도여서 거의 주목을 받지 못한 영화이긴 했다. 그러나 이런 미숙한 점이 원작의 무게를 가볍게 하는 것은 아니다.

IV

인간의 실험도구로 전락한 유인원

1. 우주로 간 견공(犬公)들

유인원에게 인간의 언어를 가르치거나 영화의 조연으로 출연시키는 것은 그나마 낭만적이긴 했다. 그러나 2차대전 이후 미국과 소련은 우주정복을 위한 치열한 경쟁에 나섰고 그 과정에서 유인원과 원숭이가 끌려 들어갔다.

사실 미국과 구소련의 우주 경쟁은 물론 냉전의 산물이었다. 양국의 경쟁은 기본적으로 과학적이고 군사적이었으며 또한 자존심의 경쟁이었다. 한발이라도 앞서가려고 수단과 방법을 가리지 않았으며 이런 환경에서 동물이나 사람의 목숨은 부차적인 존재로 전락하고 말았다.

초기 경쟁에서 소련은 집중적으로 개를 이용했고 후발주자였던 미국은 원숭이와 유인원을 우주전쟁에 끌어들였다. 처음엔 소련의 일방적인 리드였고 미국이 뒤따라가는 피를 말리는 접전이 계속되었다. 동물을 가장 먼저 우주에 보낸 곳도 사람을 우주 궤도에 먼저 보낸 곳도 소련이었다. 그러나 미국은 달에 사람을 착륙시킴으로써 막판 뒤집기에 성공하기도 했다.

소련은 사람과 함께 살아온 개를 우주로 보냈고 미국은 인간과 가장 가까운 영장류를 보냈다. 처음엔 원숭이를 그 다음엔 유인원을 보내고 마지막에서야 인간이 갔다. 혹 있을 지도 모를 사고에 대처하기 위해 사람대신 먼저 그들이 우주로 날아간 것이다. 그들은 순전히 사람을 위한 희생양이었던 셈이다.

개를 의인화해 높이 부르는 우리말에 견공(犬公)이란 말이 있다. 굳이 우주로 간 개를 견공이라 불러보는 것은 그들의 희생을 조금이라도 기리려는 마음에서다. 그들이 탄 우주선은 일단 궤도로 쏘아 올라가지만 다시 지구로 돌아올 수 없었기 때문이다. 그들은 처음부터 우주에서 산화할 수밖에 없는 운명이었다.

우주 경쟁의 본격적 계기가 된 사건은 1957년 10월 4일 일어났다. 소련이 세계 최초의 인공위성 스푸트니크(Sputnik) 1호를 발사하면서부터였다. 이 무인 우주선은 이듬해인 1958년 1월 4일까지 궤도에 머무르며 정보를 수집했다.

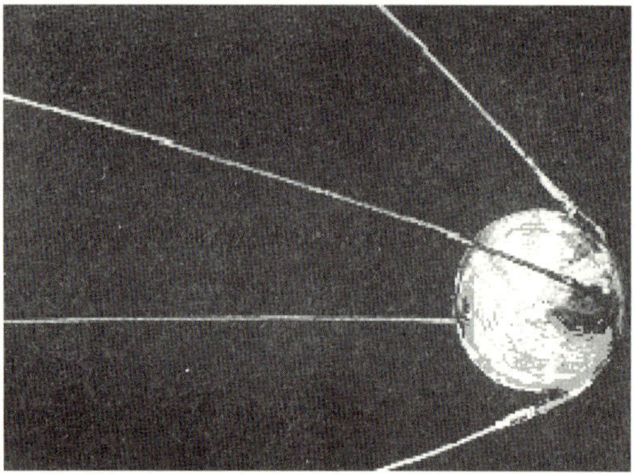

<그림 1> 스푸트니크

러시아어로 '동반자'를 지칭하는 스푸트니크 1호는 83.6kg의 무게로 금속 공에 4개의 안테나가 달린 모양이었다. 내부에는 측정기와 2대의 송신기 등을 장착했다.

소련의 국영 타스 통신은 스푸트니크가 발사된 날 "인류의 크나큰 꿈을 실현하는 새로운 사회주의 사회 인민들의 선진적이고 지각적인 노동"이라며 미국을 우롱했다. 미국 정부는 유구무언(有口無言), 백악관은 아예 성명서도 내지 못했을 정도로 충격을 받았다. 스푸트니크의 성공은 우주 시대의 개막전이었지만 2차대전 이후 계속된 미・소간 경쟁에서 미국이 얼마나 무력했는지를 깨닫게 된 사건이었다.

소련은 여기에 그치지 않았다. 스푸트니크 1호 발사 한 달 만인 11월 4일 최초의 우주 동물이라 할 라이카(Laika)라는 암캐가 스푸트니크 2호에 태워져 발사된 것이다. 라이카는 발사 된지 1주일 만에 이 우주선에서 죽고 말았지만 우주선은 이듬해 4월 13일까지 궤도를 비행했다.

<그림 2> 최초의 우주동물 라이카 기념우표

라이카라는 이름은 '짖는 동물'이란 뜻으로 라이카는 우주여행을 한 첫 번째 동물인 동시에 첫 번째 희생자였다. 스푸트니크 2호의 무게는 1호보다 훨씬 더 무거워져 무게는 508.3kg이었다. 라이카와 함께 우주선 및 자외선 측정 장치를 탑재했다.

소련의 공세는 계속되었다. 스푸트니크 3호는 1958년 5월 15일 발사되어 1960년 4월 6일 소멸되었는데 무게는 1,327kg으로 우주선 사상 처음으로 1t를 초과하였다. 여기에는 대기조성 · 자기장(磁氣場) · 태양복사를 측정하는 기기 등 968kg을 탑재했다.

소련이 견공을 우주로 보낸 것은 1957년 11월 라이카로 시작해 1966년까지 모두 6차례. 1960년 소련은 다시 '다람쥐'란 뜻의 이름인 벨카(Belka)와 '작은 활'이란 뜻의 스트렐카(Strelka) 두 마리 견공을 우주로 보냈다.

<그림 3> 벨카와 스트렐카

이들은 1960년 8월 19일 스푸트니크 5호에 탑승했는데 이 우주선엔 이들 두 마리 이외에도 40마리의 쥐, 2마리의 박쥐와 함께 식물들도 실려 있었다. 이들은 지구 궤도에서 하루를 보낸 뒤 무사 귀환했다.

지구로 무사히 돌아온 스트렐카는 6마리의 강아지를 낳았는데 이중 한 마리는 당시 케네디(John F. Kennedy, 1917～1963) 미국 대통령에게 선물로 보내지기도 했다. 소련이 이 선물을 준

속셈은 불을 보듯 뻔했다. 미국 자존심을 확 건드려 놓은 것이다. 미국 입장에서는 선물을 받긴 했지만 이를 악물고 소련을 넘어서는 프로젝트를 추진할 기폭제가 되었다.

넉 달 뒤인 1960년 12월엔 프첼카(Pchelka)와 무쉬카(Mushka) 등 두 마리의 견공이 스푸트니크 6호로, 1961년 3월엔 체르눈쉬카(Chernushka), 즈베즈도치카(Zvezdochka)가 스푸트니크 9호와 10호를 각각 탑승했다. 체르눈쉬카는 '검둥이' 그리고 즈베즈도치카는 '작은 별'이란 뜻이다.

<그림 4> 마지막 우주 견공
베르테록과 우골리욕

그리고 1966년 2월 베르테록(Verterok) 그리고 우골리욕(Ugolyok)이라는 두 마리 견공이 코스모스(Kosmos) 110호에 탑승했는데 이 비행으로 견공 우주인 시대는 막을 내렸다. 최초의 우주 동물 견공이 사라지면서 그 자리를 원숭이와 유인원에 내주게 된다. 특이한 것은 소련만이 개를 애용했다는 점이다. 아마도 인간과 가장 가까운 데다 초기 실험이 생명 유지 가능성에 초점이 맞혀진 탓일 게다.

2. 원숭이 우주인 시대

미국은 후발주자였다. 미련한 북극곰인 줄 알았던 소련이 먼저 스푸트니크를 우주에 올려놓았으니 미국은 거의 정신적 공황 상태로 들어가고 말았다. 2차대전 이후 세계 초강대국을 자임하며 축제에 취해있던 미국은 뒤통수를 공격당한 꼴이 되고 말았다.

끝없이 떨어져버린 자존심을 세우려는 국가적인 프로젝트가 진행될 수밖에 없었다. 우주에 명운을 걸었다. 콧대가 몰라보게 높아진 소련, 그리고 '닭 좇던 개' 꼴이 된 미국을 수렁에서 건지려는 야심만만한 계획이 세워졌다. 그야말로 비상사태였다.

소련의 스푸트니크 2호가 여전히 유유자적, 궤도 비행을 하고 있던 1958년 1월 31일 미국은 최초의 우주선으로 기록된 익스플로러(Explorer) 1호를 쏘아 올리긴 했다. 급하게 하긴 했는데 체면만 더 구겨졌다는 비난이 쏟아졌다. 익스플로러 1호의 무게는 겨우 8kg. 소련 최초의 인공위성 스푸트니크 1호의 10분의 1에 불과했으니 그야말로 얼굴을 들 수조차 없었다.

더 근본적인 대책이 마련되기 시작했다. 우선 양식 있는 시민 양성에 목표를 두었던 대중교육이라는 목표가 수정되었다. 우수한 인재를 집중적으로 길러낸다는 엘리트 교육, 영재 교육으로 틀이 바뀌었다.

느슨한 우주 개발 조직도 대대적으로 정비했다. 그 전에 위원회 형태로 있던 국립우주자문위원회(NACA)를 폐지하는 대신

1958년 10월 1일 미국 우주 개발의 상징인 미 항공우주국(NASA)을 창설해 전열을 가다듬기 시작했다. 탄탄한 조직으로 후발주자의 열세를 만회해보겠다는 야심이었다.

학자들의 목표도 명백해졌다. 아예 '국방교육법'이란 게 입안이 되어서 더 많은 학자들이 소련의 첨단기술과 경쟁하는 데 참여하도록 독려되었다.[1)]

이제 미국의 목표는 명확했다. 스푸트니크에 일격을 당한 만큼 사람을 먼저 우주 궤도에 올리겠다는 것이다. 유인 우주선 발사야말로 구겨진 자존심을 조금이라도 회복시켜 줄 것이라고 믿었다.

인간을 소련보다 먼저 우주에 보내기로 한 이상 그 전 단계는 인간과 가장 유사한 영장류, 즉 원숭이와 유인원을 시험용으로 우주에 보내기로 한 것이다. 먼저 원숭이가 우주로 떠났고 뒤이어 유인원이 그 뒤를 이었다. 그들의 희생과 수고에 힘입어 유인 우주선 시대가 개막되었지만 그들의 존재는 곧 잊혀졌다.

소련이 견공을 최초로 우주에 보낸 이듬해인 1958년 12월 13일. 드디어 미국은 고도(Gordo)란 이름의 다람쥐원숭이[2)]를 미사일의 일종인 주피터 13호(Jupiter AM-13)호에 태워 보냈다.

고도의 비행 목적은 앞으로 우주선에 태워 보낼 인간 우주인이 겪게 될 건강 문제 연구였다. 이 비행의 목적은 미 육군과 해

---

1) 로버트 B. 라이시, 형선호 역, 『슈퍼 자본주의』, 김영사, 2008, p.63.

2) 다람쥐원숭이는 말 그대로 몸길이가 25~35㎝에 불과한 대형 다람쥐만한 크기로 원숭이 종류 중 가장 작은 그룹에 속한다. 얼굴은 담색이며 잡식성으로 특히 곤충을 즐겨먹는다.

군 의료팀이 관장하던 우주인의 건강 프로젝트의 일환이었다. 우주여행 시 우주인의 건강과 관련된 유용한 정보를 제공하기 위해 우주로 간 것이다.

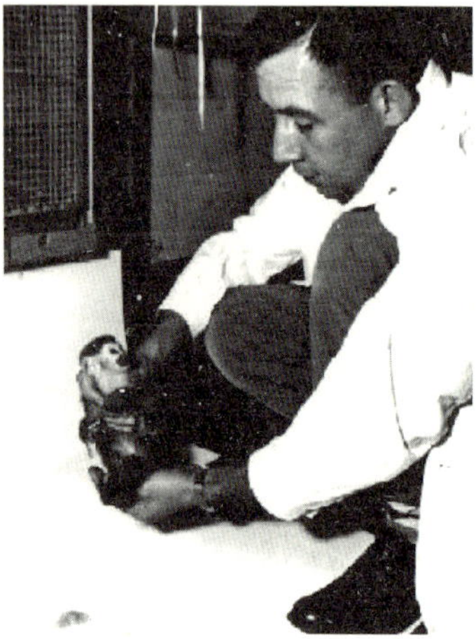

<그림 5> 최초 우주 원숭이 고도

그러나 고도는 우주선 기체 고장으로 영원한 우주의 미아가 되었고 결코 지구로 돌아오지 못했다.

1959년 5월 28일 미국은 다시 주피터 미사일 AM-18호에 에이블(Able)과 베이커(Baker)라는 두 마리의 원숭이를 탑승시켰다.

이들은 300마일의 고도에서 시속 10,000마일의 속도로 지구 궤도를 비행했으며 무중력 상태의 우주로도 잠깐 들어가 9분을 체류한 뒤 성공적으로 귀환했다. 미국과 구소련을 통틀어 성공적으로 지구귀환이 이뤄진 첫 번째 동물이었다.

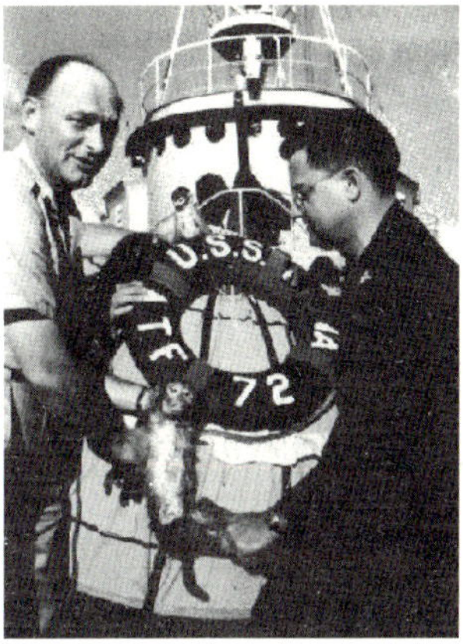

<그림 6> 지구로 귀환한 원숭이 에이블

미국은 더욱 속도를 내기 시작했다. 같은 해 12월 4일 붉은털 원숭이[3] 샘(Sam)을 탑승시킨 우주선을 발사했다. 샘은 단순히 남자의 이름 샘을 넘어선다. 미 공군 항공의학교(School of Aviation Medicine)의 첫 글자의 약어가 바로 샘이었고 이는 샘의 비행 목적이 무엇인지 명확히 해주는 셈이었다.

샘의 비행은 인간을 우주로 보내기 위해 미국이 야심적으로 추진했던 머큐리 프로젝트(Mercury Project)의 시작이었다. 샘의 임무는 인간이 비행할 때 가속이 이뤄질 경우 장착될 장비를 시험하는 일이었다. 샘은 머큐리 리틀 조(Mercury Little Joe) 2호에 탑승해 우주로 발사되었고 2시간 만에 귀환 캡슐에 실려 대

3) 붉은털원숭이는 몸길이 50㎝, 꼬리길이 25㎝, 몸무게 7~8㎏으로 벵골원숭이라고도 한다. 열매, 나무 싹 등 식물성 먹이를 주로 먹는데, 곤충이나 도마뱀 등의 작은 동물도 잡아먹는 잡식성이다.

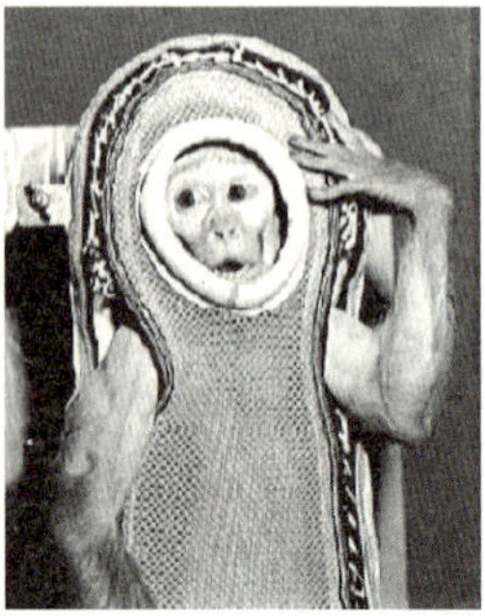

<그림 7> 우주복을 입은 샘

서양에 안착했다. 샘은 귀환한 뒤 같이 훈련을 받아온 암컷 붉은털 원숭이 미스 샘(Miss Sam)과 감격적인 해후를 해 사람들의 가슴을 뭉클하게 했다고 당시 언론들은 전하고 있다.

이번엔 미스 샘의 차례였다. 샘의 성공적인 귀환 이후 두 달 만인 1960년 1월 21일 미스 샘은 우주로 떠났다. 실험 목적은 유인 우주선에 장착될 탈출 시스템의 안전성을 확인하는 것이었다. 미스 샘 역시 58분간의 비행 끝에 귀환 캡슐로 대서양에 안착했다.

3. 침팬지 우주인

샘과 미스 샘으로 원숭이 우주인 시대는 대단원의 막을 내렸다. 이제 미국은 유인원 시대로 접어들었다. 우주 조종사로 선발된 유인원은 침팬지 햄(Ham)이었다. 햄은 1961년 1월 31일 머큐리-레드스톤(Mercury-Redstone) 2호를 타고 발사되었다. 햄의 임무는 궤도에 오르지 않은 상태에서 머큐리 캡슐의 작동 능력을 검증하는 것이었다. 미국은 햄이 돌아오면 곧바로 사람을 실은 우주선을 발사하려는 전략을 짜 놓았다.

<그림 8> 최초의 유인원 우주인 햄

그러나 소련 역시 만만치 않았다. 미국이 햄의 귀환과 함께 유인 우주선을 발사하려는 것임을 이미 눈치 채고 있었고 선수를 쳤다. 4월 12일 보스토크(Vostok) 1호에 인류 최초의 우주인으로 기록된 유리 가가린(Yuri A. Gagarin, 1934~1968)을 궤도에 먼저 올리고 말았던 거다. 이는 햄의 공적을 빛바래게 만든 것일 뿐만 아니라 소련을 제치겠다는 미국의 야심찬 계획에 찬물을 끼얹는 것이었다.

최초의 우주 비행사 가가린은 영광도 잠시. 비극적인 종말을 맞이하고 말았다. 모스크바 출신인 그는 1955년 소련 공군에 입대했으며 1959년 우주 비행사가 되었다. 그는 지구 궤도에 최초로 올랐던 기록을 세웠다. 그가 탑승했던 보스토크 1호는 두 부분으로 구성되어 한쪽은 가가린이 다른 한쪽은 그에게 필요한 산소와 물이 저장되어 있었다. 보스토크 1호는 시속 27,400km의 속도로 움직였으며 총 비행시간은 108분. 그는 대기권에 진입한 뒤 보스토크 호를 버리고 낙하산으로 착륙했다. 그는 두 번째 우주 비행을 앞둔 1968년 3월 27일 비행기 사고로 34살의 젊은 나이에 요절하고 말았다.

게다가 가가린이 우주 비행에 성공할 확률이 50%도 채 되지 않았지만 오로지 미국과의 경쟁에 이기기 위해 생명을 걸었다는 사실이 구체적으로 밝혀졌다. 러시아 유력 일간지 '모스크바 공산청년당원(MK)'이 2005년 4월 12일 우주비행의 날을 맞아 우주개발 분야 고문서 자료와 관련 인사들의 인터뷰를 토대로 한 보도 내용이 그것이다.

이에 따르면 소련의 최초 우주 프로젝트는 실패에 실패를 거듭하고 있었다. 당초 가가린이 탄 우주선 보스토크는 실제 발사일보다 5개월 정도 앞선 1960년 12월에 발사될 예정이었다. 그러나 같은 해 10월 카자흐스탄 바이코누르 우주기지에서 발생한 대형 폭발사고로 발사가 연기됐다. 연료를 채우고 발사를 기다리던 군사 로켓이 폭발해 인근에 있던 268명이 한꺼번에 사망한 대형 참사였다.

게다가 가가린의 우주비행을 1년 앞두고 실시된 여섯 차례의 로켓 발사 실험도 세 차례만 성공했다. 무인으로 발사된 첫 번째 우주선은 예상 궤도를 넘어가는 바람에 영원한 우주 미아가 됐다. 견공을 태운 두 번째, 세 번째 우주선은 각각 발사 단계와 귀환 단계에서 폭발하거나 불에 타버렸다. 그러나 당시 소련 당국은 미국보다 먼저 유인 우주비행에 성공하기 위해 보스토크호 발사를 강행했다는 것이다.

특히 이 보도에 따르면 '소련 정권의 입'이었던 국영 타스 통신마저 비행이 실패할 경우에 대비, ▶발사 성공 ▶발사 실패 ▶가가린 사망 등 세 가지 시나리오를 예상한 예비 기사를 준비했던 것으로 알려졌다. 또 우주 비행사의 생환을 장담할 수 없다는 전문가들의 지적에 따라 어린 두 딸의 아버지인 가가린 대신 아이가 없던 우주비행사 게르만 티토프를 탑승시켜야 한다는 주장까지 제기됐다고 한다.

가가린의 우주비행은 기적적으로 성공하긴 했지만 위기의 연속이었다. 발사 몇 분을 앞두고 우주선 출입구 자동 밀폐장치에 고장이 생겨 수동으로 출입구 뚜껑에 있는 32개의 볼트를 풀었다 다시 죄는 해프닝이 벌어졌다. 3단계 로켓 분리 이후 우주선이 급회전을 하는 바람에 궤도를 이탈할 위기에 처하기도 했다. 가가린이 입은 우주복의 산소공급 장치 고장으로 질식사 위기까지 있었다.

<그림 9> 유리 가가린

우주 당국은 가가린이 우주공간에서 심리적 쇼크에 빠질 것을 우려, 지상의 우주기지와 끊임없이 교신을 하도록 했다. 가가린은 108분의 비행 내내 교신을 계속했다고 한다. 그러나 그는 우주에서 지구를 쳐다본 최초의 인간이었다. 그가 말한 육성,

"지구는 푸르다"는 메시지는 인류 우주 개발 역사의 영원한 명언이 되었다.

미국은 또 한 번의 패배라는 멍에 속에서도 가가린의 화려한 등장이후 불과 3주 뒤인 5월 5일 앨런 셰퍼드(Alan B. Shepard (1923~1998)를 우주로 내보냈다. 그나마 저궤도 비행이어서 궤도에 올라가지도 못했을 뿐만 아니라 비행시간은 단 15분에 불과했다. 이래저래 체면을 많이 구긴 것이다.

가가린이 소련의 우주 영웅이 되었지만 단명하고 만 데 비해 미국의 셰퍼드는 초라하게 시작했지만 화려한 끝을 장식한 우주인이었다. 미 해군사관학교 출신 해군 조종사였던 셰퍼드는 2차 대전 때 태평양 전쟁에 참전했으며 1959년 4월부터 나사의 머큐리 프로젝트의 우주비행사가 되었다.

1961년 5월 5일 첫 저궤도 비행 임무를 완성한 이후 나사의 우주비행사들을 총괄 조정하는 팀장이 되었다. 그의 두 번째 우주 비행은 1971년 1월 31일부터 2월 9일까지 진행된 사상 세 번째의 달 착륙 우주선 아폴로(Apollo) 14호의 비행 대장이었으며 달에 직접 착륙해 달 탐사장비인 메트(MET · Mobile Equipment Transporter)를 처음으로 사용하기도 했다. 특히

<그림 10> 프리덤 7호를 탑승한 셰퍼드

셰퍼드는 달 착륙 사상 33시간이라는 최장 달 표면 체류기록을 세우는 등 미국 우주사에 최초, 최장의 각종 기록을 가진 인물이었으며 해군 소장으로 퇴역했다.

미국은 다시 분발했다. 가가린이 궤도에 까진 올라갔다 귀환했지만 미국에선 아예 궤도 비행을 준비하고 있었다. 먼저 햄의 동료 침팬지 에노스(Enos)가 그 선두 주자로 선발되었다. 햄이 저궤도 비행으로 끝난 것에 비해 에노스는 궤도 비행을 할 예정이었고 이는 곧 인간의 우주 진출에 앞선 최종 점검의 성격이었다.

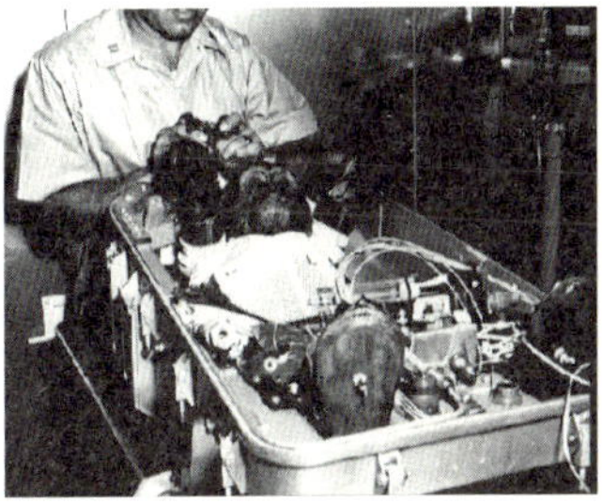
<그림 11> 실험중인 에노스

따라서 에노스는 지금까지 우주 비행의 역사에서 가장 엄격하고도 오랜 훈련을 받은 침팬지였다. 에노스는 켄터키(Kentucky) 대학과 홀로만(Holloman) 공군기지에서 무려 1,250시간 이상의 훈련을 받은 가장 완벽한 침팬지 우주인이었다.

에노스는 1961년 11월 5일 머큐리 아틀라스(Mercury Atlas) 5호에 탑승 발사되었고 1시간 28분 30초 동안 궤도 비행을 했다. 에노스는 오랜 훈련의 결과로 레버를 잡아당기는 등 지상의 명령에 따라 단순작업도 수행했다고 한다.[4]

4) 엄금용, 『위성통신』, 기전연구사, 2005, p.368.

본래 에노스는 세 차례의 궤도 비행을 하려했지만 세 번째 시도 중 우주선 고도가 떨어지는 바람에 지구로 귀환했다. 에노스는 지구에 귀환한 뒤 구조자들과 악수를 하고 펄쩍펄쩍 뛰는 등 기쁨을 표시했던 사진이 전 세계에 보도되면서 세계적 관심을 끌었었다.

에노스의 궤도 비행 성공으로 미국은 다시 새로운 기회를 맞았다. 그것은 곧 유인 우주인의 궤도 비행이었다. 가가린이 궤도에만 올랐지 궤도 비행을 하지 못했던 것을 미국이 만회해보려는 것이었다. 1962년 2월 20일 우주비행사 존 글렌(John Herschel Glenn, 1921～) 중령은 미국의 우주비행사로는 처음으로 궤도 비행을 완성했다. 미국이 자존심을 서서히 회복하는 순간이었다.

1921년 미국 오하이오 출신인 존 글렌은 비행 기록에서도 유례없는 기록을 세워온 영웅 중의 영웅이었다. 대학 졸업 후 해군에 입대, 조종사 훈련을 받았으며 1943년 해병대에 배속되었고 2차대전 동안 해병대 소속 전투기 조종사로 59번의 전투에 참가했던 전쟁 영웅이다. 그는 한국전에도 참전해 63회의 출격을 했다. 한국전에서는 압록강 근처에서 3대의 미그기를 격추한 기록도 가지고 있다.

<그림 12> 훈련 중인 에노스

1957년 7월에는 F8U 크루세이더(Crusader)기로 로스앤젤레스에서 뉴욕까지의 미국 대륙을 3시간 23분 만에 주파하는 기록을 세우기도 했다. 이는 미국 대륙을 횡단한 최초의 음속 기록이다.

글렌은 1959년 4월 우주비행사로 선발되어 머큐리 프로젝트에 참여하게 된다. 성공적인 우주 비행사로 활동한 후 1965년 해병 대령으로 예편했다. 퇴역이후 사업을 하다 1974년부터 정치에 입문, 1999년까지 미 상원의원을 역임했다.[5)]

존 글렌의 궤도 비행이후 소련의 역습도 시작되었다. 이듬해인 1963년 6월 16일 소련은 발렌티나 테레쉬코바(Valentina Tereshkova)를 우주로 보냈다. 테레쉬코바는 세계 역사를 통틀어 최초의 여성 우주인으로 등극했다.

그는 어릴 때부터 공중 낙하에 관심이 많았던 여성으로 알려져 있다. 1953년 첫 직장으로 직물공장에서 일하며 통신 과정으로 계속 공부를 했다고 한다. 그 후 낙하 경력이 고려되어 우주비행사로 선발되었으며 1963년 6월 16일 보스토크 6호에 탑승해 최초의 여성 우주인이 되었다. 그녀는 48번의 궤도비행을 했고 우주에서 거의 3일을 보냈다. 이 비행이 그녀의 첫 번째이자

5) 글렌의 가장 놀라운 기록은 1998년 그의 나이 77세로 우주 비행을 하면서 세워졌다. 최고령 우주 비행사의 기록이다. 그는 우주 왕복선 디스커버리(Discovery)호를 타고 동료 9명과 함께 1998년 10월 29일부터 11월 7일까지 9일간 우주 탐사에 참여해 노화에 우주가 미치는 영향을 분석하는 다양한 실험을 했다. 디스커버리호는 지구궤도를 134회나 돌며 각종 실험을 했으며, 글렌은 일약 미국의 영웅으로 떠오르기도 했다.

마지막 우주 비행이었다.

이 공로로 소련 정부로부터 영웅 칭호를 받았으며 1963년 11월 역시 우주 비행사였던 니콜라에프(Andrian Nikolayev)와 결혼해 딸 하나를 두었다고 한다. 그 후 소련 공산당원으로 활발한 활동을 해 승진을 거듭했지만 공산당 붕괴 후 소식이 끊어지고 말았다.

<그림 13> 레오노프의 최초 우주 유영

소련은 여성 최초의 우주인 기록에 이어 새로운 기록에도 계속 도전했다. 1965년 3월 알렉세이 레오노프(Alexei Leonov)는 우주선에서 벗어나 우주 유영을 시도해 성공함으로써 미국의 자존심에 상처를 가했다. 미국은 4개월 뒤인 7월에서야 에드워드 화이트(Edward White)[6]가 겨우 우주 유영에 성공한 것이다.

6) 화이트(1930~1967)는 가가린에 못지않은 비운의 우주 조종사. 텍사스 출신인 그는 아버지가 미 공군 중장까지 올랐던 파일럿 집안이다. 1952년 육군사관학교를 졸업한 후 조종사 훈련을 받았다. 독일에서 근무한 경험이 있으며 1962년 9월 우주비행사로 선발되었다. 나사의 제미니(Gemini)계획에 참여해

미국과 구소련의 우주 경쟁은 구소련의 우세 속에 미국이 끌려가는 형국이었지만 결국 달에 사람을 보내는 과정에서 미국의 확실한 판정승으로 끝났다. 아폴로 1호의 참사 2년여 만인 1969년 7월 20일 아폴로 11호를 탑승한 미국의 우주인 닐 암스트롱(Neil Armstrong)은 인류 최초로 달에 착륙해 선명한 발자국을 남겼다. 암스트롱은 이렇게 말했다.

<그림 14> 달 착륙에 성공한 닐 암스트롱

"인간에게는 작은 한 걸음이지만 인류에게는 위대한 도약이다. That's one small step for man, one giant leap for mankind!"

그러나 인간의 걸음에 앞서 유인원들을 포함한 많은 동물들의 희생이 그 밑거름이 되었다. 유인원 우주인들은 이렇게 말하

미국 우주인으로서는 최초로 우주 유영에 성공했지만 비운은 시작되었다. 그는 최초의 달 착륙 계획이었던 아폴로(Apollo) 1호 우주비행사 3명 중 1명으로 선발되어 1967년 2월 21일 우주로 갈 계획이었다. 그러나 그보다 한 달을 앞둔 1월 27일 아폴로 1호에 탑승, 점화 훈련을 하다 폭발 참사가 발생하고 말았다. 이 사고로 화이트를 비롯해 버질 그리섬(Virgil Grissom), 로저 채피(Roger Chaffee) 등 세 명의 우주인이 목숨을 잃고 말았다.

고 싶었을 지도 모른다.

"우리 유인원들에게는 작은 한 걸음이었지만 인간들에게는 위대한 도약이었을 것이다!"

4. 유인원 장기이식

유전공학을 통한 유전자 조작 논란이 끝없는 찬반 논쟁의 시작이 되고 있다. 인간의 불치병 치유와 생명 연장의 꿈을 이뤄줄 획기적 기술이며 희망의 끈이라는 게 찬성자들의 기본 입장이다.

그러나 다른 한쪽에서는 유전자 조작을 통한 새로운 개체의 출현과 궁극적인 인간복제는 자연 질서의 파괴를 초래해 결국은 인간이 상상할 수 없는 재앙이 될 것이라고 비판한다. 유전공학의 무서운 발전은 미래에 대한 축복인가 아니면 인류 파멸의 서곡인가?

20세기 후반부터 급속히 발전하기 시작한 유전공학의 한계는 무너지기 시작했다. 콩이나 옥수수 같은 식물에 대한 유전자 조작이 보편적으로 시행되면서 유전자조작식물(GMO)의 존재는 우리 일상생활로 깊숙이 들어와 있다.[7)]

---

7) GMO 식품을 생산하는 국가는 미국이 세계 최대이다. 미국의 GMO 정책과 입장에 대해서는 최성욱, 『미국이 감추고 싶은 비밀 50가지』, 미래를 소유한 사람들, 2007, p.176 참조

이 때문에 GMO의 유해성 여부를 놓고 지금도 논쟁은 계속되고 있다. 그런데 이젠 식물에서 동물로 급속히 연구 영역이 확대되고 있으며 이제 인간에게까지 다가오고 있다. 1997년 영국의 로슬린 연구소가 만든 복제양 '돌리'는 시작에 불과했다.

이제 세계 대부분의 선진국에서는 영장류연구소를 통해 생명공학 연구에 유인원을 끌어들이고 있다. 유인원이 인간과 가장 가까운 사촌이라는 것은 이미 유전공학적으로도 밝혀졌다. 역설적으로 생명공학의 발전과 함께 유인원의 운명이 다시 기로에 서 있게 된 것이다.

유인원과 인간의 같은 점, 다른 점을 밝혀왔고 또 인간의 언어를 배워왔지만 그들 모두 우주 개척 시대에 인간에 앞서 우주로 갔던 유인원처럼 다시 생명공학 연구의 실험 대상으로 그들의 운명이 되풀이되고 있기 때문이다.

특히 인간과 신체 구조가 비슷하다는 점에서 인간에 앞선 임상 실험 대상자이기도 하지만 유인원의 질병 면역 능력이 인간보다 훨씬 더 높다는 점도 의학 전공자들의 연구 매력이기도 하다. 예컨대 침팬지는 인간의 면역체계를 파괴하는 에이즈(AIDS 후천성 면역결핍증)에 잘 걸리지 않는다.[8)]

---

8) 우리 주변에 존재하는 수많은 병원균으로부터 우리 몸을 지키는 방어 체계를 면역체계라고 한다. 1차 방어선에는, 눈물, 땀, 콧물, 가래, 침에는 라이소자임이라는 효소가 있어 세균을 잡아 녹이고, 위액의 염산은 세균을 태워 죽이는 따위이다. 이 1차 방어선을 통과하는 세균을 막는 2차 방어선은 백혈구이다. 세균의 침입이 일어나면 백혈구가 가까이 접근하여 온몸으로 세균을 감싼다. (백혈구의 단세포다.) 그리고 백혈구의 리소좀 Lysosome 속에 저장해둔 가수분해효소를 균의 몸에 퍼부어 녹여버린다. 이 2차 방어선에서 세균

알츠하이머, 말라리아 등에도 강한 내성을 가지고 있다. 알츠하이머는 노인성 치매증의 하나. 가벼운 건망증으로 시작하지만 최종적으로는 정신 혼란이 겹쳐 인격 붕괴에 이르러 현재 전 세계적으로 사회문제가 되고 있는 질병, 기억 등의 기능을 담당하는 대뇌 신경 세포의 대량 사멸이 원인으로 알려지고 있다.

일반적으로 65세 이후에 발병하나 40대에 유전에 의해 발병하는 약년성 알츠하이머 병도 있다. 이는 유전에 의한 것으로 이미 이에 관여하는 유전자는 모두 발견되었다. 특히 침팬지는 이런 병에 걸려도 진행 양상이 인간과는 사뭇 다르다. 과학자들이 침팬지 게놈 연구에 몰두하는 이유도 바로 이 질환 치료법 발견과 깊은 관련이 있다.

20세기에 가장 흥미로운 유인원 사건은 보노보라는 새로운 유인원의 발견이었다. 보노보는 기존의 침팬지나 고릴라, 오랑우탄보다 훨씬 더 사람에 가까운 생태를 가진 것으로 밝혀진 유

이나 백혈구 모두 희생자가 나는데 우리는 이 희생자들의 시체를 고름이라고 부른다. 백혈구의 숫자는 1입방 밀리미터 안에 5천 내지 1만개가 있다. 3차 방어는 '항체'가 한다. 어떤 일을 자주 당하다 보면 그 일이 일어나더라도 겁을 내거나 두려워하지 않는 경우가 있는데, 우리는 이것을 '면역'이 되었다고 한다. 그런데 생물학적 면역에는 선천적 면역, 후천적 면역, 자연면역, 인공면역 등이 있다. 태아 때 모체로부터 받은 항체가 몸에 있어서 특수한 병원균이 침입해 와도 병에 걸리지 않는 경우를 선천적 면역이라고 한다. 면역에 관여하는 대표적인 세포로는 T세포(T-Cell)와 B세포(B-Cell)가 있다. T세포는 세균을 직접 죽이거나 B세포를 돕는 일을 하며, B세포는 항체를 만들어 백혈구나 대식세포(백혈구 중에서 세균을 백 개 이상 먹어치우는 큰 것)가 세균을 잡아먹기 쉽도록 한다. T세포는 골수에서 만들어져서 림프조직의 일종인 흉선(가슴샘)과 림프샘(림프절)이나 지라에 이동하여 적의 공격에 대비한다. 어떤 항원(바이러스, 세균, 곰팡이, 이식조직)이 몸에 쳐들어와서 T세포의 세포막에 달라붙으면 그것을 곧바로 느끼고 공격활동을 시작한다.

인원이다. 이미 우리는 캔지를 통해 그 가능성을 알고 있다.

보노보를 통해 생명공학의 위험성을 제기한 인물은 바로 로빈 쿡(Robin Cook, 1940~)이었다. 컬럼비아 대학 졸업 후 하버드 의대를 거쳐 안과 의사로 활동 중인 그는 작가로도 세계적 명망을 쌓고 있는 인물이다. 장기이식과 뇌사문제를 다룬 ≪코마 Coma≫를 비롯해 ≪브레인 Brain≫≪열 Fever≫≪아웃브레이크 Outbreak≫ 등 다양한 소재와 최신의학 정보를 뛰어난 상상력과 함께 작품으로 풀어낸 장본인이다. 의사로서의 전문성과 문학성이 겹쳐져 만들어낸 그의 작품은 대단히 현실적인 동시에 쇼킹한 대목을 담고 있다.[9)]

2000년 한국에서 번역 출간된 로빈 쿡의 18번째 소설『6번 염색체 Chromosome 6』[10)]는 바로 보노보를 주제로 삼았다. 줄거리는 이렇다. 미국의 거대한 생물공학회사인 젠시스(GenSys)는 비밀 장기 이식 프로젝트를 추진하게 된다. 그들은 적도 아프리카의 무인도에 보노보를 사육하는데 이들 보노보들에겐 젠시스 고객들의 6번 염색체 단지(short arm)가 수정란에 이식되어 있다.

---

9) 그의 작품 상당 수가 영화나 TV 작품으로 만들어졌다. 그가 쓴 소설 가운데 영화로 만들어진 작품 중 우리에게 가장 많이 알려진 것은 1995년 독일 출신의 볼프강 페터젠(Wolfgang Petersen) 감독이 더스틴 호프만(Dustin Hoffman), 르네 루소(Rene Russo)를 기용해 만든 ≪아웃브레이크≫이다. 이 영화에서는 특히 치명적인 바이러스를 미국에 퍼뜨리는 중간 숙주 원숭이를 몰래 들여오는 배가 바로 한국에서 온 태극호라는 배였는데 이 장면이 한국인에 대한 인종차별적 요소가 많아 이를 본 한국인들이 눈살을 찌푸리기도 했던 작품. 이런 부분만 제외하면 영화는 꽤나 박진감 있고 완성도도 높다.

10) 로빈 쿡, 김원중 역,『6번 염색체』1·2권, 열림원, 2000.

이 소설의 번역판에서는 영어의 숏암(short arm)을 그대로 단지(短指)로 번역했지만 생명 공학계에서 정식으로 쓰이는 번역은 단완(短腕)이다. 인간의 모든 세포에는 유전 정보가 23쌍의 염색체 즉 모두 46개에 나누어져 있다. 아버지로부터 23개, 어머니로부터 23개를 물려받는다. 이중 23번째 염색체는 인간의 성(性)을 결정짓는 성염색체이다. 나머지 22개 염색체는 형태로는 거의 비슷한데 그 구조를 보면 각 염색체의 구조에서 가운데 마디를 기준으로 긴 쪽을 장완(Long Arm)이라고 하며 짧은 쪽을 단완(Short Arm)이라고 한다.

6번 염색체의 단완은 바로 장기의 기능과 관련된 염색체이다.

<그림 15> 로빈 쿡의 소설 『6번 염색체』 원본

인간 고객의 단완은 보노보의 난자에 유전조작을 통해 이식되며 이때 낳은 새끼 보노보는 특정 고객의 장기와 같은 장기를 갖게 된다. 따라서 그 고객이 장기가 필요할 때 수술을 통해 이들의 장기는 인간 고객에게 이식되고 보노보는 당연히 죽게 되는 것이다.

작가 로빈 쿡은 바로 이 대목에서 유전공학의 위험성을 경고하고 있다. 그렇지 않아도 인간과 비슷한 모습을 보여 온 변형 보노보들은 유전자의 주입으로 더욱 인간화가 진행되어 불을 사용하며 원시적 언어를 주고받기 시작한다. 그리고 패권 다툼이 벌어지며 평화롭던 보노보 사이엔 결국 잔인한 전쟁까지도 일어나게 된다. 마치 인간의 끝없는 권력 추구가 빚어내는 비극이 보노보의 평화 사회에서 되풀이되는 것이다. 결국 이 소설의 인간 주인공들은 사실을 알게 된 뒤 이들을 풀어주게 된다. 그 과정에서 인간과 보노보는 의사소통을 하게 된다.

로빈 쿡은 이 작품에서 이종 장기이식을 위한 유전자 조작의 문제성을 의학적 상상력으로 날카롭게 짚어내는 한편, 인간의 욕망과 호기심이 어떤 재앙을 초래하는지를 보여주고 있다.

5. 에이즈 치료사

로빈 쿡과 같은 경고가 아무리 되풀이되어도 질병 연구 대상으로서 유인원의 매력을 떨쳐내기는 쉽지 않다. 그 중에서도 현대의 괴질로 악명 높은 에이즈는 유인원 연구를 통해 극복될 수도 있다는 희망을 갖게 만든다.

에이즈는 인간 면역 결핍바이러스(HIV)인 레트로바이러스(Retroviridae)에 의해 발병[11]한다. 최초의 에이즈 환자 발생은 1981년 미국에서 공식 보고된 것이 최초로 알려져 있지만 최근 연구 결과 그 시기는 훨씬 더 거슬러 올라간다고 한다. 미국의 십대 흑인이 세인트루이스(St. Louis)에서 1969년에 에이즈로 죽은 것으로 알려져 있고, HIV는 1959년 콩고에서 살고 있던 사람의 혈액 혈장에서 이미 발견되었다는 것이다.

HIV는 HIV-1과 HIV-2의 두 종류로 나눈다. HIV-1은 1940년 이전에 발생해 이미 인체로 옮겨졌지만 당시엔 특별한 매개체가 없어 크게 번지지 않았다고 한다. 현재 전 인류에 위협이 되는 것은 변종인 HIV-2로 1945년 이후에 발생해 1960년대 서아프리카의 기니비사우 독립전쟁을 통해 전 세계로 확산된 것으로 추정[12]되고 있다.

---

11) 바이러스는 중심 부분에 DNA 또는 RNA를 유전 물질로 가지고 있으며, 그 주위를 단백질이 덮고 있다. 여러 바이러스에서 가장 많이 발견되는 핵산의 구조는 이중나선 DNA와 한가닥 사슬 RNA이다. 이러한 핵산이 중심이 되고 이 중심을 일정 구조의 단백각(蛋白殼, capsid)이 감싸고 있는 구조이다. 이 중심과 단백각이 합쳐진 것이 뉴클레오캡시드라는 바이러스의 기본 구조이다. 바이러스는 일반적으로 숙주에 감염되면 DNA에서 RNA를 만들어 내는데 이와는 반대로 RNA에서 DNA를 만들고 그 DNA를 숙주 염색체에 조합시켜 복제가 만들어지는 것이 있다. 이와 같은 바이러스는 RNA →DNA라는 역방향 전사를 일으키는 효소를 가지기 때문에 이를 레트로바이러스라고 한다. 레트로바이러스에는 RNA 종양 바이러스와 에이즈 바이러스(HIV) 등이 대표적이다.

12) 기니비사우(Republic of Guinea-Bissau)는 북쪽의 세네갈, 그리고 동남쪽 기니

HIV-1과 HIV-2는 모두 야생 아프리카 원숭이와 유인원에서 발견되는 유인원 면역결핍 바이러스인 SIV(Simian Immunideficiency Virus)의 변종이라는 사실도 확인되었다. 감염 경로를 연구해온 학자들은 붉은 머리 망가베이 원숭이(red-capped mangabeys)와 큰 코 원숭이(greater spot-nosed monkeys)에 전염된 바이러스가 침팬지에서 변종을 일으켜 나타나는 증거를 SIVcpz[13)]바이러스 변종을 통해서 보여주었다. 침팬지는 이 두 원숭이를 잡아먹곤 한다. 이들의 서식지는 서부 중앙아프리카이다.

미국 앨라배마(Alabama) 대학의 베아트리스 한(Beatrice Hahn) 박사팀은 과학전문지 『네이처』, 1999년 제4호에 발표한 논문에서 HIV는 침팬지로부터 인간에게 감염되었다고 주장했다. 이 논문에 따르면 한 박사팀은 1985년 미 공군 영장류센터에서 새끼를 낳다 죽은 마릴린이라는 침팬지의 조직을 분석했는데 이때 SIVcpz가 검출됐다는 것이다. 연구팀은 이것이 인간에게 옮겨지면서 HIV가 됐다는 주장이다.[14)]

와 접한 인구 140만 정도의 작은 나라. 1446년 이래 포르투갈의 식민지가 되었다. 1956년 9월에 민족해방운동조직인 PAIGC(기니비사우-카보베르데 독립아프리카당)가 수도 비사우에서 창립되었으며 1959년 8월 비사우 조선 노동자 파업에 대한 포르투갈군의 탄압을 계기로 무장투쟁에 나섰다. 특히 1963년 식민지해방을 목표로 본격적인 투쟁을 시작해 10년만인 73년 9월 독립을 선언하였다. 이듬해엔 식민 모국 포르투갈도 독립을 승인했다. 에이즈 바이러스 HIV-2는 바로 60년대 이 독립전쟁을 계기로 전세계로 확산되었다는 것이 정설이다.

13) cpz는 침팬지 chimpanzee의 약자.

14) Beatrice Hahn, "Increased mortality and AIDS-like immunopathology in wild chimpanzees infected with SIVcpz", in http://www.nature.com/nature/journal/v460/n7254/full/nature08200.html

이 주장을 강력히 뒷받침하는 논거는 SIVcpz에서 검출한 VPU라는 유전자. VPU는 바이러스 게놈의 복제방법을 주관하고 심지어 숙주 종류에 따라 다른 방법으로 바이러스를 복제한다는 것이다. 바이러스가 환경이 전혀 다른 숙주에서도 적응해 생존할 수 있도록 스스로 복제하는 방법을 바꾼다는 것이다. 침팬지에서 살던 바이러스가 인간을 숙주로 번식할 수 있게 된 것이 바로 이 VPU의 뛰어난 능력 때문이라는 설명이다.

따라서 인간의 에이즈는 VPU연구를 통해 SIV가 어떻게 HIV로 바뀌었는지, 그리고 왜 침팬지는 HIV에 대해 내성을 지니는지를 규명할 수 있을 것이다. 이 연구는 그간 학계에서 HIV와 비슷해 감염원으로 보았던 아프리카 원숭이의 에이즈 바이러스 SIV에는 VPU가 검출되지 않았던 것과 대조를 이룬다. 따라서 인간의 에이즈는 원숭이가 아니라 SIVcpz 보유 침팬지를 사람이 도살하거나 먹는 과정에서 인간에게 옮겨졌고 VPU의 뛰어난 활약에 따라 인간의 신체 속에서 변이되어 창궐하게 되었다는 가설이 성립한다.

이를 받아들인다면 향후 AIDS 치료의 관건은 침팬지가 문제의 바이러스를 수십 만년동안 갖고 있으면서도 거의 발병하지 않았던 이유가 무엇이냐를 규명하는 데에 있다. 네덜란드 생의학 영장류연구센터(BPRC)[15]가 침팬지 35마리의 DNA검사 결과를 토대로 세운 가설은 꽤나 주목받고 있다. 침팬지의 DNA

15) Biomedical Primate Research Center, 홈페이지 http://www.bprc.nl에서 유인원 자료를 찾을 수 있다.

를 검사한 결과 이들 35마리의 면역체계의 질병 방어기능 통제 부분에 같은 유전자군이 공유되고 있음이 밝혀졌다. 특히 침팬지는 유전자 변화를 많이 겪어 왔으나 유독 이 면역체계 부분에서는 변이가 없었다고 한다.

BPRC는 이를 토대로 침팬지가 최소한 150만년 이전 지구상에 창궐했던 에이즈와 유사한 괴질을 극복하는 과정에서 에이즈 면역 유전자를 갖게 됐다는 가설을 세웠다. 질병 방어기능 담당 유전자의 다양성 부족은 먼 과거에 치명적인 질병이 침팬지를 강타했음을 시사해주는 것으로 추정할 수 있다는 것. 따라서 이 무서운 괴질이 휩쓸면서 대부분의 침팬지가 죽은 반면 면역 기능 유전자를 가진 침팬지만 살아 남았고 따라서 그 기능이 동일한 유전자로 형성되어 유전되어 왔다는 것이다.

BPRC는 또 괴질의 발생 시기를 150만년에서 200만년 전으로 추정하고 있다. 이 괴질에 대한 면역 유전자를 주요 유인원들인 오랑우탄, 침팬지, 고릴라, 그리고 긴팔원숭이 등이 모두 갖고 있다는 전제 하에 이들이 분화된 이전 시기에 괴질이 발생했다는 가설에 근거한 추정이다. 특히 보노보도 면역 체계가 침팬지와 비슷하다는 점을 고려한다면 보노보가 침팬지와 분리되기 이전이었던 시점까지 추산한다면 그 시기는 2백만년 정도 더 소급될 수 있다고도 한다.

네덜란드 BPRC의 가설에 대한 반론도 만만치 않다. 미국 위스터 연구소(The Wistar Institute)의 루이스 몬태너(Luis Montaner) 교수는 에이즈 비슷한 괴질의 고대 발생설은 그럴듯한 추정이긴

하지만 그 괴질이 에이즈인지 단정하기엔 증거가 너무 부족하다고 밝힌 바 있다.[16)]

침팬지를 통한 에이즈 연구의 초점은 왜 침팬지가 에이즈 발병이 안 되는 지에 초점이 맞추어졌지만 이 가설도 곧 무너지고 말았다. 침팬지가 HIV에 감염되긴 하지만 에이즈에 걸리지는 않는 것으로 알려져 왔는데 미국 에모리(Emory) 대학 오닐(Shawn O' Neil) 박사 연구팀이 1996년 처음으로 HIV에 감염된 침팬지들 가운데서 에이즈가 발병한 침팬지를 발견했다.[17)] 지금까지 에이즈에 걸린 침팬지는 모두 세 마리인 것으로 확인되었다. 물론 이 침팬지들은 이미 15년 전부터 HIV에 감염되었지만 세 마리를 제외하곤 아직도 에이즈 증상을 보이지 않고 있다.

연구팀은 에이즈에 걸린 C499로 명명된 침팬지에서 혹시 HIV 변종이 만들어진 건 아닌지 유전학적인 실험을 계속하고 있다. 그동안 실험 결과를 종합해보면 C499를 비롯한 에이즈에 걸린 세 마리의 침팬지는 놀랍게도 사람의 에이즈 증상과 거의

---

16) 위스터 연구소는 1892년 창립된 미국 최초의 민간 의학연구소. 펜실베니아 대 의대 해부학 교수였으며 저명한 외과 의사였던 캐스퍼 위스터 Caspar Wistar(1761~1818)를 기려 설립되었으며 현재 기초의학연구에 있어서 앞서 가고 있는 세계 유수의 연구 기관. 펜실베니아 대학 University of Pennsylvania 산하 연구 기관이다. 유전자 발현 및 제어 Gene Expression and Regulation, 면역학 Immunology 그리고 분자 및 세포 종양학 Molecular and Cellular Oncogenesis 3개 분야 26개 실험실이 가동되고 있다.
홈 페이지는 http://www.wistar.upenn.edu/ 혹은 http://www.wistar.org/

17) 이에 대해서는 Emory University Health Sciences Center, "Progressor chimpanzees could reveal mechanism for resisting AIDS." in http://www.eurekalert.org/pub_releases/2000-09/EUHS-Pccr-1209100.php

비슷한 것으로 나타나고 있다. 예컨대 바이러스 수가 증가하고 CD4+T 임파구가 감소한다는 거다. 이 임파구는 CD4양성임파구(T4)라고도 하는데 곰팡이, 원충 등의 감염으로부터 신체를 보호하는데 관여하는 백혈구 내 T세포의 한 종류로 'helper T' 세포로 불리기도 한다. 이 임파구의 파괴가 AIDS 환자 면역결핍의 주요한 원인이 된다고 생각되어 왔다.

다만 CD4양성임파구가 줄어들어도 CD8양성임파구가 증가되어 전체 T세포 수는 감소되지 않고 유지된다. 따라서 CD4양성세포수와 CD8양성세포수의 비율이 에이즈 진행을 평가하는데 중요한 역할을 한다. CD8양성임파구(T8)는 'Cytotoxic T' 세포라고도 불리며 종양세포와 세균, 바이러스 등을 인지하여 죽이는 역할을 한다.

에이즈에 걸린 침팬지들은 만성적으로 면역체계가 활성화되는데 이 증상 역시 에이즈 환자들에게서 전형적으로 관찰되는 것이다. 지금까지 HIV에 감염된 침팬지들이 에이즈에 걸리지 않는 원인은 그들의 면역체계가 만성적으로 활성화되지 않아서인 줄 알았는데 비록 소수이긴 하지만 활성화되어 에이즈에 걸리는 사례가 발견된 것이다.

따라서 연구자들은 HIV가 침팬지들로부터 시작되었으며 아마도 HIV에 감염된 침팬지들 가운데 내성을 갖게 된 침팬지가 우성이 되어 번식했을 것으로 조심스레 추정한다. 따라서 HIV에 감염된 침팬지들 가운데서 에이즈가 발병한 세 마리 침팬지들은 에이즈에 대해 내성을 갖는 메커니즘 연구에 중요한 연구

대상이다.

침팬지는 사람을 제외하고는 유일하게 HIV에 감염되는 동물이다. 침팬지와 마찬가지로 HIV에 감염된 사람들 가운데서도 에이즈로 발병하지 않는 소수의 사람들이 발견되기도 했다. 그들은 대개 바이러스 수가 낮고 정상인보다 CD4+T 임파구가 높아 바이러스에 대항하는 면역체계가 활성화되어 있다. 그런데 HIV에 감염되고 에이즈에 걸리지 않은 침팬지의 경우 HIV에 감염되지 않은 침팬지들보다 면역체계가 활성화되어 있지 않다. 결국 이와 같은 차이점은 HIV에 감염되고도 에이즈에 걸리지 않는 침팬지의 메커니즘이 사람과는 다를 수도 있음을 시사해준다고 할 수 있다. 따라서 아직도 에이즈 치료에 이르기까지 침팬지에 대해 알아야 할 것은 너무도 많은 셈이다.

현재 전 세계적으로는 3,160만 명이 에이즈에 걸렸거나 HIV에 감염된 채 살아가고 있다. 그리고 매일 15,000명이 에이즈에 새로 감염되고 있다. 에이즈는 인류의 사망원인 제4위를 기록하고 있으며 그 피해는 계속 확산될 전망이다. 유인원과 인간이 함께 공존하며 살아갈 이유이다.

한편 에이즈가 실제로는 실험용 소아마비 예방 백신 개발 과정에서 인간에게 전염되었다는 보고도 계속 나오고 있다. 물론 주류 과학자들은 인정치 않는 소수의 견해였다.

이 가설은 본래 1992년 미국의 대중잡지인 『롤링스톤(Rolling Stone)』[18]에 보도되었다. 그런데 이 잡지는 학술지나 정통 언론을 지향하지 않는 대중지인 데다 관련 학자들마저 '근거 없다'

는 식으로 일축하고 말았으니 "그럴 수도 있겠군!" 하는 식으로 넘어가고 말았다.

그러다 시간이 지나면서 당시 학자들이 이 가설을 반박한 기본적인 내용이 오류로 밝혀지기 시작했다. 1999년 영국의 언론인 후퍼(Edward Hooper)가 주도면밀하게 그 과정을 다시 추적한 책[19]을 내면서 논쟁이 다시 불붙었다. 후퍼는 초기 에이즈 감염자, 백신개발 당사자 등 수백 명을 만나 인터뷰하고 또 관련 자료를 분석했다.

본래 소아마비 백신은 미국의 솔크(Jonas Salk) 박사가 1952년 원숭이의 신장 세포에서 바이러스를 배양해 포르말린으로 불활성화하는 방법으로 사균 백신(불활성 폴리오백신) 주사제를 만들었다. 최초의 소아마비 백신 주사제이다. 그 뒤 러시아출신으로 미국에서 활동했던 세이빈(Albert Bruce Sabin)은 경구용 백신을 만드는데 성공했다.

초기엔 엄청난 숫자의 원숭이가 필요했다. 예컨대 1970년대 네덜란드에서는 연간 5천마리의 원숭이를 사용했으나 기술 발전으로 현재는 10여 마리의 원숭이 신장 세포 배양만으로도 충분한 백신을 만들 수 있게 된 것이다. 특히 세포배양으로 생산된 백신은 동물자체에서 만들어진 것보다 훨씬 더 순수해 임상실험을 계속할 필요가 없을 정도가 되긴 했다.

---

18) Rian Malan, "AIDS in Africa. In Search of the Truth", The Rolling Stone, November 22, 2001.

19) Edward Hooper, *The River: A Journey Back to the Source of HIV and AIDS*, Boston: New York, Little, Brown and Company, 2000.

<그림 16> 에드워드 후퍼의 책 『더 리버』

그런데 초기 개발 때 문제가 된 것은 이 백신제조 실험이 원숭이만 한 게 아니라 침팬지까지 동원되었고 이 경로로 제조된 백신이 인간에게 침팬지의 에이즈를 옮기게 되었다는 거다.

후퍼는 경구 소아마비 백신 배포지역 및 시기가 에이즈 발생지역 및 시기와 일치한다는 점에 주목한다. 지난 57년부터 60년까지 현재의 르완다, 부룬디, 콩고 일대 주민 약 1백만 명에게 미국의 위스타 연구소(Wistar Institute)를 주축으로 한 서방 국가에서 소아마비 백신을 나눠주었는데 이게 문제의 시작이었다는 가설이다.

백신 배포 시기와 지역이 놀랍게도 초기 에이즈 발생 시기 및 지역과 일치하고 있다. 특히 80년대에 기록된 에이즈 발병 사례 28건 중 23건은 백신이 배포된 지역에서 반경 175마일 내에서 발생했다는 조사까지 확인했다는 게 후퍼의 주장이다.

후퍼는 수많은 정황 증거를 제시하긴 했지만 이 때문에 이 가설은 여전히 논쟁의 중심에 서 있다. 우선 초기 소아마비 백신 개발과정에서 침팬지에 대한 임상실험 내용이 명확히 밝혀지지 못했다는 거다. 놀랍게도 소아마비 백신 초기 개발 때 기록이 거의 남아있지 않다고 한다.

후퍼의 추적이 실체적 진실과 어디까지 일치하는 것인지는 아직 의문으로 남아있다. 소아마비 경구 백신 공급 지역 및 시기와 에이즈 발생지역 및 시기의 일치가 필연이 아니라 우연일 가능성도 배제할 순 없지만 어느 쪽도 확실치 않다. 뉴욕타임스는 후퍼의 연구 결과에 대해 "그의 가설이 설득력이 있다."고 평론하긴 했으나 이는 소아마비 백신이 에이즈의 원인이라는 얘기는 결코 아니다. 이 문제는 좀 더 시간이 흐른 다음에야 명확해 질 것이다. 아니면 영원한 '역사의 미제'로 남을 것이다.

6. 인간치매의 새 해결사

치매라고 일컫는 알츠하이머병(Alzheimer's disease)[20)]은 이 세상을 살아가는 모든 이들에게 인생의 노년기에 가장 심각한 문제로 부각되고 있다. 이 병 때문에 전 세계적으로 가장 주목받은 사람은 아마도 로널드 레이건(Ronald Reagan) 전 미국 대통령이었을 것이다. 미국인들에게 있어서 20세기 후반 가장 위대한 대통령으로 존경을 받았던 그는 1994년 11월 5일 성명을 통해 자신이 알츠하이머에 걸렸음을 전 세계에 공표했다. 그리곤 10년 간의 투병을 거쳐 2005년 사망했다.

그의 담화문은 이 병의 성격을 극명히 드러내 준다. "나는 최근에 본인이 알츠하이머병에 걸린 수백만 미국인들 중의 한 명이 되었다는 이야기를 들었습니다."고 담화는 시작했다. 특히 이 병에 걸린 사실을 대외적으로 공표한 데 대해 "내가 알츠하이머병에 걸렸다는 사실을 여러분들에게 알림으로써 이 병에 대한 보다 많은 관심이 유발되기를 진심으로 바랍니다. 이렇게 함으로써 이 병으로 고생하는 환자와 그 가족들에 대한 이해를 높일 수 있을 것입니다."라고 그 의미를 부여했다.

---

20) 독일의 정신과 의사인 알츠하이머 Alois Alzheimer(1864~1915)가 최초로 보고해서 그의 이름이 붙었다. 뮌헨에서 주로 활동했던 그는 1906년 독일정신학회에 보고했던 당시 51세의 여성 환자 사례를 통해 자신의 이름을 역사에 남겼다. 이 환자는 건망증에 언어장애, 실금상태 등의 치매 상태가 계속되어 발병한 지 4년 6개월 만에 사망했다. 알츠하이머는 부검을 통해 뇌가 심하게 위축되어 있었으며 현미경 검사를 통해 뇌 전체에는 반점이 있고 또 신경세포 안에 실 모양의 덩어리가 있었음을 발견했다.

그는 또 이 병이 가진 해악에 대해서도 말했다. "불행하게도 내가 앓고 있는 알츠하이머병이 점차 심해지면 가족들이 힘든 고통을 겪을 것입니다. 나는 내 아내 낸시를 이 고통스러운 경험에서 구할 수 있는 어떤 방법이 있기를 바랍니다."라고. 그리고 다가올 죽음을 예상하며 마지막 작별인사까지 미리 했다. "언제일지 모르나 하느님께서 당신의 집으로 나를 부를 때 나는 조국에 대한 깊은 사랑과 조국의 장래에 대한 영원한 희망을 가지고 떠날 것입니다. 이제 나는 내 인생의 황혼기로의 여행을 시작합니다."[21]

알츠하이머는 당사자 뿐만 아니라 가족까지도 파괴해 버릴 수 있는 사회적 재앙에 가깝다. 그러나 이 치명적인 질병에 관해 우리가 아는 것은 너무도 적으며 치료방법도 거의 없을 정도이다. 그래서 우리는 다시 유인원 침팬지를 주목하는 것이다. 침팬지는 지금까지 연구결과에 의하면 알츠하이머에 걸리지 않는 것으로 보고되어 있다.

알츠하이머는 전 세계적으로 성인 사망 원인 중 네 번째를 차지할 정도로 중요한 질병이다. 알츠하이머 환자는 65세 이상 인구에서 급증하기 시작해 85세가 되면 거의 50% 정도가 이 병에 걸린다고 한다.

연령별로 보면 남성보다는 여성이 걸릴 확률이 높다는 연구 보고가 있는 반면 그 반대의 연구 결과도 보고되어 있어 아직

21) Ronald Reagan's letter to the American people 전문은 http://www.alz.co.uk/media/reaganletter.html에 있다.

성별에 따른 발병 연구는 별다른 의미를 갖지는 않는다.

그러나 인종에 따라서는 다소 차이가 있는 것으로 밝혀지고 있다. 예컨대 미국의 원주민인 크리(Cree)나 체로키(Cherokee) 인디언들과 아시아인들은 미국의 일반 주민들보다는 발병률이 다소 낮다고 한다.

게다가 미국으로 이민 간 일본인 남성의 경우 일본 거주 남성보다 알츠하이머 발병률이 더 높다고 한다. 또한 같은 흑인이지만 아프리카 거주인들보다는 미국에 살고 있는 흑인 발병률이 높다는 보고도 나와 있다.[22)]

알츠하이머의 발병 원인은 현재까진 크게 두 가지로 구분하고 있다. 우선 유전적 이유로 발병하는 '가족성 알츠하이머병(FAD)'과 원인이 아직까지 밝혀지지 않은 '산발성 알츠하이머병(SAD)'이다. 가족성 알츠하이머병의 원인은 14번과 21번, 1번 염색체에 위치한 유전자(각각 PS1과 APP, PS2)의 이상 때문이다. 이 세 가지 인간 유전자 중 한가지에서만 돌연변이가 생기면 예외 없이 이 병에 걸린다. 이는 전체 알츠하이머 환자의 10% 정도라고 한다.

나머지는 SAD로 분류하는데 굳이 이런 이름을 붙인 것은 정확한 원인을 규명하지 못했기 때문이다. 과학자들은 그러나 SAD 역시 유선석 이유로 발병할 것으로 추정하고 있는데 19번과 12번 염색체에 위치한 유전자와 관련이 있는 것으로 의심하

---

22) 이 연구결과는 http://www.reutershealth.com/wellconnected/ doc02.html에 게재되어 있다.

고 있다. 19번에 위치한 유전인자는 apoprotein E(ApoE), 12번에 위치한 유전인자는 α 2-macroglobulin(a2M)라고 부른다. 이 유전인자에 돌연변이가 생기면 알츠하이머로 발병할 가능성이 높아진다. 돌연변이 발생이 100% 발병으로 연결되지 않지만 확률을 높인다고 해서 위험인자(risk factor)라고 한다.

원인이야 어떻든 알츠하이머 환자의 공통점은 뇌에 반점이 생긴다는 것이다. 이는 유전자에 이상이 생겨 '베타아밀로이드(β-amyloid)가 축적되면서 생긴다고 한다. 중심에 아밀로이드 섬유가 있고, 그 주위를 변성한 신경세포 돌기가 둘러싸고 있다. 1984년 미국의 그레너 박사가 아밀로이드 단백질을 순수 분리해 구조를 획정했는데 베타형이라고 부르는 특수한 구조를 밝혀냄으로써 베타아밀로이드란 이름이 생겨났다.

알츠하이머병 환자는 베타 아밀로이드라는 단백질이 과도하게 만들어져 뇌에 축적되며 이 단백질이 활성산소를 만들어 뇌세포를 장기간에 걸쳐 손상시키는 것으로 알려지고 있다. 이른바 베타아밀로이드 원인설이다.

물론 반론도 만만치 않다. 우선 신경세포는 베타아밀로이드가 축적되는 노인반점 밖에서 죽는데 이는 아밀로이드 독성이 원인이라는 기본 가설에 의문을 제기하게 만든다. 서울대 의대 서유헌 교수(과학기술부 치매정복 창의연구단 단장)는 2002년 7월 스웨덴 스톡홀름에서 열린 제8차 국제치매학회에서 "신경세포의 핵 속에 C단 단백질이 침투해 세포를 죽게 만든다."며 베타아밀로이드 치매 원인설을 뒤집었다. 학계에서 정설로 인정되던 베타아밀로이드 치매 원인설을 넘어 독성이 더 강한 C단 단백질이 치매의 주요 원인이라는 가설을 내놓았다.

C단 단백질은 베타-아밀로이드 단백질보다 독성이 10배나 더 강한 것으로 나타났다. 서 교수팀 연구결과에 의하면 같은 양의 베타아밀로이드 단백질을 준 쥐는 열흘 만에 치매 증세를 나타내지만 C단 단백질을 준 쥐는 하루 만에 치매가 발생했다고 한다. C단 단백질과 베타-아밀로이드 단백질의 관계도 흥미롭다. '긴 C단 단백질'이 두 동강 나면 하나는 베타아밀로이드 단백질이 되고 다른 하나는 '짧은 C단 단백질'이 된다. 두 C단 단백질 모두 독성이 강해서 치매를 일으킬 수 있다. 결국 베타아밀로이드가 만들어지기 전 단계 물질인 C단 단백질이나, 베타아밀로이드가 떨어져 나간 C단 단백질이 베타아밀로이드보다 독성이 훨씬 더 강하다는 것이다.

현재 치매 치료약은 기억력을 높이는 등 일시적인 증상을 개선하는 대증 요법에 그치고 있다. 뇌세포의 사멸을 막는 근본적인 문제를 치료하지 못하는 것이다.

침팬지가 왜 치매에 걸리지 않는가에 대한 연구는 역시 침팬지 유전자에 대한 연구에서 시작된다. 놀랍게도 침팬지 유전자를 완전히 해독한 연구팀도 물론 '침팬지 게놈연구 국제 컨소시엄'의 일원으로 참가한 한국생명공학연구원 박홍석 박사 팀이다. 박 박사에 따르면 인간과 침팬지의 가장 큰 차이도 바로 치매 유전자와 언어 유전자라고 했다. 침팬지에게서는 CMAH란 유전자가 작동해 나이가 들어도 뇌에 지방이 쌓이지 않아 치매

에 걸리지 않지만, 사람에게서는 이 유전자가 작동하지 않는다는 것이다.23)

23) 침팬지의 장점은 또 있다. 세계에서 가장 무서운 전염병 중의 하나인 말라리아에도 걸리지 않는다는 것이다. 말라리아는 생각보다 무서운 전염병. 매년 무려 3억~5억의 세계 인구가 감염되고 2~3백만 명이 이로 인해 사망하는데 우리나라에서도 매년 4천 명 가량이 말라리아에 걸린다고 한다. 말라리아의 어원은 이탈리아어 mal(나쁘다)과 aria(공기)의 합성어로 한국에서는 학질·돌림병으로도 불린다. 말라리아는 우리 몸의 피 속에 기생하는 열원충인 Plasmodium sp.이라는 삭은 단세포 동물이 일으킨다. 이 단세포 동물은 피속의 적혈구에 살면서 영양분을 섭취하고 분열하는데 이 과정이 끝나면 적혈구를 파괴하고 나와 다른 적혈구로 침입하는 일을 반복한다. 이중 일부가 암컷, 수컷 생식세포로 변하여 모기가 물 때 모기 몸속으로 들어가고 모기의 장에서 수정한 뒤 많은 수의 실낱 모양의 포자소체로 분열하며 포자소체는 모기의 침샘에 숨어 있다가 모기가 다른 사람을 물 때 사람의 피로 들어가 감염이 된다. 열원충은 모든 모기에 살 수 있는 것은 아니며 주로 얼룩날개모기 종류에서만 가능하다. 우리나라에서는 중국얼룩날개모기, 아프리카에서는 갬비아얼룩날개모기가 그 매개체이다. 열원충이 적혈구를 파괴하게 되면 우리 몸은 40도 이상의 고열을 내게 된다. 그런데 열원충이 분열하고 적혈구를 파괴하는 일이 일정 시간 간격을 두고 반복되기 때문에 주기적으로 열을 내게 되는데 지구상에서 주기적인 고열을 내는 병은 말라리아가 유일하다. 그 주기는 열원충에 따라 4가지로 나뉘는데 우리나라에 유행하는 삼일 열원충은 48시간 간격 즉 하루 걸러 한 번씩 열을 내게 된다고 한다. 최근에는 열원충에 내성이 생겨 맞지 않는 약을 잘못 쓸 경우 시기를 놓쳐 사망하는 경우가 있다. 아직까지 예방 백신은 개발되지 못한 상태. 다만 말라리아 치료약을 복용함으로써 어느 정도 예방할 수는 있다. 프랑스의 마지에르(Patrick De Maziere) 박사는 말라리아 원충이 간세포 표면에 나타나는 특이한 수용체(CD81)를 통해 간세포에 침입한다는 사실을 밝혔다. 이에 따라 침팬지 게놈 분석을 통해 인간과 침팬지의 CD81 유전자를 비교 연구하면 두 질병에 대한 감수성의 차이를 분석할 것으로 전망된다.

V

유인원의 수호자들

1. 루이스 리키와 유인원

20세기 후반은 인간의식 속에 들어온 유인원의 모습이 완전히 변화했던 시기다. 20세기 초반까지만 해도 유인원은 단지 조롱의 대상이거나 아니면 야수에 지나지 않았으며 대중 예술에서조차 인간 이야기를 끌어가는 감초 역할에 그쳤다.

그러나 20세기 후반엔 유인원들이 본래의 제자리로 속속 돌아왔다. 영장류 연구가 붐을 이루게 되었고 그 성과들이 현대과학에 중요한 문제제기를 하고 있기 때문이다. 특히 영장류 혹은 유인원 연구소가 미국을 중심으로 유럽과 일본에서 속속 생겨나기 시작했다.1)

---

1) 주요 연구소는 다음과 같다.
미국: 캘리포니아 대학 부설 캘리포니아 국립영장류 연구센터 California National Primate Research Center (CRPRC): University of California, Davis / 밀워키 보노보 보호 계획 Bonobo Species Survival Plan: Zoological Society of Milwaukee County: Milwaukee, WI / 보노보 보존 계획 Bonobo Conservation Initiative / 침팬지와 인간 커뮤니케이션 연구소 Chimpanzee and Human Communication Institute (CHCI) / 제인구달연구소 ChimpanZoo: Jane Goodall Institute-research on zoos and captive areas / 듀크대 영장류센터 Duke University Primate Center / 에모리대 여키즈 국립영장류연구소 Yerkes National Primate Research Center: Emory University / 에모리대 유인원 및 인간진화연구센터 Center for Advanced Study of Ape and Human Evolution: Emory University / 오리건 보건과학대학 부설 오리건 국립영장류연구센터 Oregon National Primate Research Center: Oregon Health Sciences University / 워싱턴대학 부설 워싱턴 국립영장류연구센터 Washington National Primate Research Center: University of Washington
일본: 교토대학 부설 영장류 연구소 Primate Research Institute, Kyoto University
독일: 막스플랑크 진화인류학연구소 Max Planck Institute for Evolutionary Anthropology

이와 같은 현상은 지극히 고무적이다. 그것은 바로 영장류 혹은 유인원을 통해 자연을 새롭게 들여다 볼 수 있기 때문이다. 제인 구달은 침팬지에 대해 알면 알수록, 마치 자연이 인간에게 자연을 알게 하기 위해 침팬지를 대사로 파견했다고 느끼고 있다고 했다.[2)]

유인원에 대한 연구를 하면 할수록 우리는 자연의 본질에 접근할 수 있으며 동시에 인간과 자연간의 기울어진 균형을 다시 세울 수 있다. 인간과 우리가 생각하고 있는 유인원에 대해 균형자의 역할을 했던 수많은 인물의 연결 고리는 바로 루이스 리키(Louis Leakey, 1903～1972) 박사였다.

그를 비롯한 리키 가문의 식구들은 인류의 기원에 관한 연구로 많은 업적을 낸 집안으로도 세계적 명성을 가지고 있기도 하다. 게다가 유인원의 수호자 역할을 자임했던 제인 구달을 비롯한 모든 위대한 여성들은 모두 리키 박사의 직접적인 인연으로 유인원 연구와 보호에 발을 들인 사람들이다.

리키 박사의 연구 분야를 굳이 따지자면 고인류학자라고 할 수 있다. 자신이 인류의 기원을 더듬었고 그러다보니 인간과 유인원 상관관계에 관심을 가진 것은 지극히 당연한 것이었다. 그의 연구 목적은 바로 유인원과 인간 사이에 있었을, 그러나 지금은 잃어버린 고리(missing link)를 찾는 것이었다.

인간과 유인원은 같은 조상에서 갈라져 나왔다는 것은 다 아

---

2) 이에 대해서는 제인 구달, 최재천 외 역, 『인간의 그늘에서: 제인 구달의 침팬지 이야기』, 사이언스북스, 2001 참조

<그림 1> 루이스 리키

는 사실이다. 인간은 유인원과 인간의 중간 형태인 원인(猿人 · 선행 인류)을 거쳐 사람에게 더 가까운 원인(原人 · 초기 인류)을 지나 현생 인류로 진화해 왔다는 사실을 밝혀냈다.

대략 500만년에서 800만년 전에 등장한 원인(猿人)은 유인원과 달리 완전한 직립 보행자였다. 유인원과 달리 무릎을 곧게 펼 수 있었으며 엄지발가락도 나뭇가지를 붙들기 보다는 걷기에 적합한 구조였다. 그래서 이들을 똑바로 서서 걸은 영장류란 뜻의 호미니드(Hominid)라고 부르기도 한다. 물론 이들은 나무에 오르는 데에도 익숙했다고 한다.

이에 비해 250만년 전 쯤 출현한 원인(原人)은 뇌가 커졌고 불과 도구를 사용한 인간이었다. 이들은 구석기 시대의 주인공이었다. 비교적 최근이라 할 20만년 전에 등장한 인류가 바로 현생 인류이다. 현대인의 직계 조상인 크로마뇽인(호모 사피엔스)이 바로 그들이다. 인류학에서 잃어버린 고리는 바로 유인원과 원인(猿人)이 한 조상에서 갈라진 시점(약 560만년 전으로 추정)에서부터 350만년 전까지 약 200만년 사이에 존재했으나 아직 발견되지 않은 원인의 화석을 말한다.

고인류학자들은 그동안 현생 인류(크로마뇽인, 1868년 발견)의 화석에서부터 350만년 전 화석인 '루시'(1974년 발견)[3]에 이르기까지 원인(猿人) 화석 11종과 원인(原人) 화석 3종, 현생 인류 화석 1종을 찾아냈다.

문제는 화석을 발견한다는 게 바닷가 모래사장에서 바늘을 찾을 정도로 어렵다는 것이다. 물론 죽은 생물의 뼈가 온전히 보존될 수 있는 곳이어야 한다. 그 일에 뛰어든 것이 바로 루이스 리키를 비롯한 그의 집안사람이었다.4)

루이스 자신은 1959년 진잔드로푸스 보이세이를 발견하며 성과를 얻기 시작했다. 1962년에는 호모 하빌리스(손재주가 있는 사람)를 처음 발견했다. 호모 하빌리스 Homo habilis는 190만~160만년 전까지 비교적 짧은 기간 동안 아프리카에서 살았던 호모. 1959년 리키의 부인 메리 리키가 올드바이 골짜기에서 진잔스로푸스의 머리뼈를 발견한 후 지오그래픽사는 1960년대 초 인류화석을 찾기 위한 계획의 일환으로 루이스 리키에게 연구비를 지원하였다.

그 연구의 결과로 루이스 리키의 큰아들인 조나단은 1960년에 올드바이 유적의 오래된 아래층(Bed Ⅰ과 Bed Ⅱ 아래층 사이)에서 '진즈'보다 더 섬세한 형태의 호미니드 머리뼈 부분과 턱, 손뼈들을 찾았다. 그래서 이 호미니드는 OH 7번으로 명명되었고, 화석의 주인공은 10~12살 정도의 나이로 루이스와 메리 리키의 큰아들의 이름을 따서 '죠니의 아이들'이라는 애칭으로

---

3) 루시에 대해서는 만프레드 바우어 외, 이영희 역, 『인류의 오디세이』, 삼진기획, 2003, pp.48~50 참조

4) 리키 집안의 고고학적 성과에 대해서는 리처드 리키, 오영근 역, 『화석인간의 꿈』, 연세대학교 출판부, 1987을 주로 참고했음.

불려졌다.

1964년에 리키와 나피어 그리고 토바이어스는 복원한 OH 7번 머리뼈를 새로운 호미니드인 손쓴 사람(Homo habilis=handy man)이라고 명명하였다. 호모 하빌리스는 많은 학자들에게 인정되지 않았으나 몇 년 후 KNM-ER 1470번 머리뼈 화석이 발견된 이후 인정되게 되었다. 호모 하빌리스를 '대표하는 화석'인 OH 7번 화석의 머리용량은 674cc 정도로 추정되며 오 아프리카누스의 평균 머리용량보다 50% 이상 큰 부피이다.

1967년에는 케냐피테쿠스(Kenyapithecus)도 발견되었다. 동아프리카 케냐에 있는 빅토리아호 동쪽 포트타난에서 턱뼈와 이가 출토된 화석 유인원이다. 리키는 이를 케냐피테쿠스 위케리(Kenyapithecus wickeri)라고 명명하고, 사람과(科) 화석영장류라고 발표하였다.

리키의 아내 메리는 1978년 탄자니아의 라에톨리에서 한 가족(남자 여자 어린아이)의 320만년 전 발자국을 처음 발견했다. 며느리 미브도 1994년 오스트랄로피테쿠스 아멘시스를 발견하는 등 리키 가문의 노력과 행운은 고인류 연구 그 자체였다고 할 수 있다.

더군다나 리키 박사가 애제자로 키운 세 사람은 바로 유인원의 수호신이 되었다. 리키 박사의 비서였던 제인 구달이 1957년 가장 먼저 침팬지 연구에 뛰어들었다. 그로부터 10년 뒤인 1966년 다이안 포시(Dian Fossey, 1932～1985)가 고릴라 연구에, 그리고 2년 뒤인 1968년 비루테 골디카스(Birute Galdikas, 1945～)

가 오랑우탄에 자신의 인생을 바치게 된다.

이들 세 사람은 모두 리키 박사와 인연을 맺어 유인원 연구에 뛰어들긴 했지만 유인원 전문가로서 시작한 것은 아니었다. 게다가 이들 모두 객관적이고 냉정한 시각으로 연구를 하기 보다는 유인원의 생활에 너무도 깊이 들어가 버림으로써 연구자로서 바람직하지 않은 태도를 보였다는 평가도 받고 있다. 냉정한 학문적 입장에서 이들을 그렇게 평가할 순 있지만 이들 모두 유인원 보호에 모든 정력을 쏟음으로써 그것만으로도 이들의 여정은 너무도 고귀하다고 할 수 있다.

2. 고릴라의 수호성녀, 다이안 포시

1932년 미 캘리포니아 주 페어팩스에서 출생한 다이언 포시는 1954년 산호세 주립대학을 졸업한다. 부모의 이혼 등 순탄하지 않은 가정생활 때문에 포시는 자립심은 강하나 자기중심적이어서 타인과 쉽게 어울리지 못하는 성격이었다고 한다. 그러다 보니 주변에 친구보다는 적이 더 많았다.

본래 전공은 수의학이었지만 나중에 물리 치료학을 더 공부해 물리 치료사 자격증을 땄다. 켄터키 주 코사이어 아동병원에서 물리 치료사로 근무하던 1963년 자신의 운명을 바꾼 여행을 시작하게 된다. 6주간의 아프리카 여행이었다. 이 여행의 목적은 콩고에 있는 두비아(Olduvia)와 비룽가(Virunga) 화산지대에

<그림 2> 고릴라의 수컷 피닛과 대화하는 다이안 포시

살고 있던 마운틴고릴라를 보는 것이었다.

운명은 참으로 묘한 것이다. 공교롭게도 당시 올두비아에서는 리키 박사 부부가 화석 탐사를 하고 있었다. 그곳을 방문하겠다며 험난한 길을 찾은 것은 순전히 포시의 호기심 덕택이었다. 포시의 호기심이 당시엔 그리 과도한 것은 아니었다.

아프리카를 방문하던 유럽이나 미국인들은 심심찮게 리키 박사의 화석 발견에 관심이 많았고 또 상당수 관광객들이 리키 가문의 화석발견 캠프를 찾던 때였기 때였다. 탐사 지역 방문이 일종의 자칫 지루하기 쉬운 아프리카 관광의 이벤트였던 것이다.

리키 박사 입장에서도 관광객들을 귀찮다고 멀리할 수만 없었다. 발굴지에 관람하러 오는 이들 비용으로 14실링의 돈을 받는데 이 비용이 발굴에 얼마나 긴요하게 쓰여졌는지 모른다.

포시는 마치 영화의 한 장면처럼 운명적인 사건에 휘말리게 된다. 다른 관광객 틈에 끼어 유적지를 다니다 발을 잘못 디디는 바람에 중요한 유적 발굴지에 떨어지는 사고가 발생했다. 포시는 다행히 조금 다쳤지만 기껏 고생해서 복원해 놓은 유적이 훼손되는 사고가 발생하게 된다. 리키 박사의 얼굴이 붉으락푸르락 화가 머리끝까지 났다. 다행히 정이 많았던 리키 박사의 부인 메리 박사가 포시를 정성스레 치료해 주었다고 한다.

포시는 여행의 목적이었던 비룽가 화산지대로 가게 된다. 거기에서 그토록 만나고 싶어 하던 마운틴고릴라를 만나게 된다. 그녀는 나중에 그 감동을 이렇게 썼다. "나는 울창한 원시림을 배경으로 서있는 그의 거대한 몸집이 주는 위압감에 눌려 아무것도 할 수 없었다."

켄터키로 돌아온 포시는 이곳 지역신문인 『루이스빌 쿠리어 저널(Louisville Courier-Journal)』에 이 여행기를 기사로 투고하게 된다. 포시의 여행기는 단순한 여행기 이상으로 냉정하고도 치밀하게 마운틴고릴라를 관측한 기사였다.

1966년 마침 리키 박사가 강연차 루이스빌에 오게 되었고 포시를 찾게 된다. 리키 박사는 신문에 기고된 포시의 날카로운 관찰력과 과학적 사고에 매료되어 있었다. 게다가 고릴라에 대한 관찰이 거의 없던 때여서 고릴라 생활에 대한 세밀한 관찰이야말로 최초 인류의 생활방식을 알 수 있는 유일한 채널이기도 했다. 리키 박사는 신문사에서 연락처를 수소문해 포시를 만나고 단도직입적으로 물었다. "고릴라를 꾸준히 관찰할 수 있는가?"

이번에도 운명이 포시를 이끌었다. 그의 망설임은 오래가지 않았다. 비룽가에서 매혹되었던 마운틴고릴라와의 남은 일생이 결정되는 시기였다. 포시는 병원에 사표를 내곤 다시 돌아올 수 없는 긴 여정에 들어섰다. 그녀도 고릴라와 영원히 함께 할 줄은 몰랐을 것이다. 리키 박사의 주선으로 내셔널 지오그래픽과 윌키 재단이 포시에 대한 재정 지원을 맡게 된 것이다.

아프리카에 도착한 포시는 도대체 무엇부터 시작해야 할 지조차 몰랐다. 수의학을 전공하긴 했지만 동물학 전체에 대한 공부는 하지 않은 상태였다. 그래서 이미 침팬지 관찰에 나섰던 제인 구달을 찾아가 구달의 관찰 방식을 터득하게 된다. 나이로비에서 리키 박사가 알선해 준 장비와 차를 가지고 콩고의 비룽가 화산지대로 갔다. 두 명의 현지인 조수, 그리고 사진작가인 알란 루크(Alan Root)의 도움으로 캠프를 설치했다. 며칠 후 촬영일정을 마친 루트가 떠났으며 마치 밀림에 버려진 타잔처럼 그는 혼자 남았다. 그녀가 여행을 했던 비룽가 화산지대로 외롭게 돌아온 것이다.

포시를 걱정하던 많은 사람들은 그녀가 곧 돌아올 것이라고 생각했다. 오로지 밀림의 동물만 살아가던 태고의 신비 속에 문명의 때가 가득한 여인이 혼자 들어가서 지낼 수 있으리라고는 그 누구도 예상하지 못했다. 그러나 포시는 달랐다. 그야말로 미션 임파서블(Mission Impossible)을 가능성으로 바꾸기 시작했다. 비룽가 화산지대에서 고릴라 무리를 찾아냈으며 단순히 관찰자였던 그녀는 점차 고릴라에게 자신의 존재를 알리며 다가가기 시작했다.

그러나 이 밀림 속에서까지 더 무서운 존재는 있었다. 바로 사람의 전쟁이었다. 자이레 내전이 심각해지자 그녀의 생존조건

이 불안정해졌다. 고릴라가 아니라 사람이 무서운 존재였다. 그녀는 결국 자이레를 떠나 르완다에서 새로운 고릴라 무리를 찾아냈다. 1970년 어느 날 그녀의 노력이 결실을 맺는 사건이 일어난다. 무리의 고릴라 중 수컷인 '피넛(Peanut)'이 그녀에게 가만히 다가와 그녀를 바라보자, 그녀는 웅크린 채 그런 피넛의 시선을 피해 다른 곳을 보는 척해야 했다.

그렇게 한참을 바라보던 피넛이 그녀의 손등을 만지기 시작한 것이다. 그 순간을 사진작가인 밥 캠벨이 카메라에 담아냈고, 이것이 야생 고릴라와 인간이 접촉한 최초의 공식 기록이 되었다. 또한 이제 더 이상 고릴라 무리가 그녀를 위험한 존재로 여기지 않는다는 증거도 되었다.

매일같이 그녀의 얼굴을 대하는 고릴라 무리도 점점 다이안 포시의 접근을 허용하게 되었고, 자신들이 근접해서 그녀에게 호기심과 관심을 표현하기도 했다. '마초(Macho)'라는 암컷이 다이안 포시의 얼굴 앞에 다가와 그녀의 눈동자를 응시하는가 하면, 다이안 포시가 가장 애착을 느꼈던 아기 고릴라인 '디지트(Digit)'는 그녀의 머리카락을 잡아당기며 놀기도 하고, 나뭇잎을 던지며 장난을 걸기도 했다. 고릴라의 행동양식에 관한 오랜 성찰과 세밀한 관찰은 학계에 새로운 보물이나 다름없었다.

새옹지마(塞翁之馬)라고 했던가. 야생 고릴라 무리에 포시가 접근했고 알려지지 않은 새로운 생태가 보고되었지만 치명적이고도 비극적인 문제를 잉태하고야 말았다. 포시를 좋아하게 된 고릴라들은 다른 사람들, 심지어 그들을 죽이려 온 밀렵꾼조차 무서워하지 않게 된 것이다. 비극의 순간이 다가오기 시작했다. 1978년 다이안의 가장 친한 친구였던 '디지트'가 머리와 발이 잘린 채로 발견되었으며 다른 고릴라 가족들도 모두 죽고 말았다. 밀렵꾼들의 짓이었다.

<그림 3> 다이안이 가장 사랑했던 디지트

다이안은 자신의 캠프 근처에 그들의 묘지를 마련해서 고이 안장시킨 다음 이제 고릴라 보호에 발 벗고 나섰다. 아니 고릴라를 보호하기 위해 전쟁도 목숨도 걸겠다는 각오였다. 친구를 죽인 이들을 찾아내 복수하겠다는 일념이었을지 모른다. 자신의 인생과 사랑, 아니 자신의 모든 것을 걸었던 존재를 가장 비참한 방법으로 죽인 이들에 대한 분노가 어떠했을까? 포시는 이제 고릴라를 보호하는 수호천사가 되었다. 밀렵꾼들과의 전면전을 선포한 것이다. 우선 '디지트 기금(Digit Fund)'을 설립했다.[5)]

다이안은 아예 밀렵꾼들의 목에 현상금을 걸었고 긴장이 급속히 고조되었다. 르완다 당국은 그녀를 1981년부터 1983년까지 강제 추방을 하기도 했다. 그러나 결국 그녀는 고릴라의 곁에 다시 돌아왔다. 그녀의 '외로운 전쟁'이 다시 시작되었지만

5) DF는 1992년 DFGF(Dian Fossey Gorilla Fund)로 개명되어 현재에 이른다.

그녀는 하나였고 밀렵꾼과 그 배후세력은 거대했다. 1985년 12월 26일 자신의 거주지에서 정글도로 추정되는 큰 칼로 입과 코 사이의 얼굴이 절단된 채 발견되었다. 밀렵꾼의 짓이었다. 디지트와 그 고릴라 가족을 죽인 잔인한 칼이 다이안 포시의 목숨까지 앗아간 것이다. 포시는 그녀가 처음부터 끝까지 사랑했던 '디지트'와 고릴라 가족들 묘지 옆에 나란히 안장되었다.

<그림 4> 밀렵꾼에 죽음을 당한 뒤 가장 사랑했던
고릴라 디지트 옆에 묻힌 다이안 포시의 무덤

다이안의 묘비에는 이렇게 새겨졌다. "Dian Fossey 1932~1985. 그 누구보다 고릴라를 사랑했던……. (No one loved gorillas more…….)" 묘비명은 결코 마침표로 끝나지 않았다. 그리고 누군가에 의해 고릴라 수호천사의 일을 계속할 것이라는 신념이 차가운 돌에 배어 있었다.[6)]

그의 사후인 1988년 영화 ≪에일리언≫ 시리즈에서 강한 여

---

6) 다이안의 고릴라에 대한 열정과 관찰 기록은 Dian Fossey, *Gorillas in the Mist*, Houghton Mifflin Company, 1983이란 책에 고스란히 담겨져 있다.

전사로 각인된 배우 시고니 위버(Sigourney Weaver) 주연으로 그의 책 제목인 ≪안개 속의 고릴라≫와 같은 제목의 영화로 만들어졌다. 위버는 이 영화 촬영이후 DFGF의 명예회장으로 추대되었다.

3. 제인 구달과 골디카스

제인 구달은 1934년 4월 3일 런던에서 태어나 영국 남부의 해안지방인 본머스(Bournemouth)에서 성장했다. 제인이 두 살 생일 때 제인의 아빠는 주블리(Jubilee)라는 이름의 침팬지 인형을 사주었다. 주블리는 당시 런던 동물원에서 새로 태어난 아기 침팬지였는데 이를 기념해 만든 애완 인형이었다.

제인의 친척들은 그러나 침팬지 인형이 제인에게 악몽을 가져다 줄지도 모른다며 침팬지 인형을 사주는 것에 반대하기도 했다. 당시만 해도 침팬지에 대한 인식이 좋지 않은 때였다.

제인은 악몽을 꾸기는커녕 주블리와 함께 자고 일어나는 가장 소중한 친구가 되었다. 제인의 영국 집에는 아직도 이 인형이 제인의 의자에 앉아 있다. 운명은 아무도 모르게 그녀의 품으로 파고 들어왔고 그녀를 이끌게 된 것이다.

제인은 침팬지 인형 주블리와 함께 타잔을 알게 되면서 타잔의 영원한 연인 제인(Jane Porter)이 되고 싶었다. "내가 아프리카로 가면 그 제인보다 훨씬 더 멋진 제인이 될 수 있을 거야."

<그림 5> 제인 구달

라고 속삭이면서……. 주블리는 치타가 되었고……. 이제 그 여인은 할머니가 되었지만 이 세상 모든 침팬지의 영원한 보호자이며 연인이 되어 이 세상에 희망의 씨앗을 세계 곳곳에 뿌리고 있다. 제인 구달은 이미 한국도 여러 차례 방문했으며 강연회와 함께 책도 소개되면서 우리에게 꽤나 낯익은 존재가 되었다.

구달이 본격적으로 침팬지와 인연을 맺게 된 계기는 리키 박사의 비서로 1957년 그의 문하에 들어가면서 부터다. 그러다 리키 박사의 권유로 1960년 탄자니아 곰베(Gombe)에서 야생 침팬지 연구에 착수하게 된다. 고릴라의 수호자 다이안 포시보다 무려 6년이나 먼저 시작한 것이다. 그리고 1965년 영국 케임브리지 대학에서 침팬지 연구로 박사학위를 받았다.

구달은 그의 저서 『희망의 이유』에서 인간의 명석한 두뇌, 자연의 놀라운 회복력 그리고 전 세계 젊은이들의 새로운 시각과 열정을 통해 세상을 변화시킬 수 있기 때문에 '희망적'이라고 말한다. 살아 있는 모든 것들을 위해 이 세상을 더 좋은 곳으로 만들려고 모두가 함께 노력한다면, 그 결과 모든 생명체들이 함께 살 수 있는 세상이 된다는 것이 그녀가 침팬지 연구를 통해 얻은 결론이었다.

침팬지보다 한 시간 먼저 일어나 그들의 둥지로 가면서 하루를 시작하는 사람. 아침이래야 빵 한 조각에 커피 한 잔, 그리고 점심은 침팬지들이 먹는 나무 열매로 건너뛰곤 하루 종일 그들을 관찰하며 밀림을 헤매는 여인. 여자의 몸으로 3개월도 못 견디고 밀림을 떠날 것이라는 냉소를 뒤로한 채 이미 40여 년을 그곳에서 살아온 여인. 그래서 그녀는 침팬지 연구에서 세계 최고가 되었고 이젠 침팬지를 넘어 희망을 전하는 전도사가 되었다. 그의 활동은 제인구달연구소[7]를 통해 지금도 활발히 전개되고 있다.

골디카스(Birute Mary Galdikas)는 리키 박사의 세 제자 중 특이한 케이스라 할 수 있다. 제인 구달, 다이언 포시 모두 리키 박사의 설득으로 연구에 나섰지만 골디카스는 정반대의 경우다. 그녀 스스로 오랑우탄 연구에 나서겠다고 리키 박사를 끈질기게 조른 끝에 연구에 나서게 된 적극적 성격의 소유자이다.

오랑우탄 서식지인 인도네시아에서 오랫동안 생태 연구를 했으며 현재 국제오랑우탄재단[8] 총재로 오랑우탄 보호와 연구에 헌신하고 있다.

본래 부모의 고향은 유럽의 발틱해에 접한 3국 중 하나인 리투아니아. 2차대전 직후 부모가 캐나다로 이민 오던 길에 출생

---

7) www.janegoodall.org

8) www.orangutan.org

했다. 1964년 다시 미국으로 이민한 가족들을 따라 로스앤젤레스로 이주했으며 2년 뒤 캘리포니아주립대(UCLA)에서 심리학과 동물학 전공으로 졸업했다. 대학원에서 인류학을 전공하던 그녀는 1969년 리키 박사를 만나 자신이 오랑우탄을 공부할 계획임을 설명하고 도와줄 것을 요청했다.

그러나 리키 박사는 처음엔 냉정했다. 그러나 골디카스는 물러서지 않았으며 그의 열정에 감동했다고 한다. 결국 3년 뒤 리키 박사는 그녀를 위해 연구자금 지원을 주선해 준다. 1971년 골디카스는 당시 남편이었던 사진작가 로드 브린더무어(Rod Brindamour)와 함께 인도네시아 보르네오 섬의 탄중 푸팅 보호구역으로 들어갔다. 이곳에는 전화도, 길도, 전기도 그야말로 문명이라고는 아무것도 찾을 수 없는 곳이었다.

그녀는 좌절하기도 했지만 이를 악물고 일한 끝에 마침내 그곳에 캠프를 세웠다. 그 이름이 ≪캠프 리키≫. 자신의 뜻을 받아준 스승에 대한 고마움의 표시였다. 그로부터 4년. 골디카스는 이 고행 기간의 결과물을 『내셔널 지오그래픽』지에 싣게 되는데 오랑우탄이 전 세계적 주목을 받게 된 첫 번째 사건이 되었다. 물론 이 기사에는 브린더무어의 사진도 함께 실렸다.

골디카스는 그때부터 시간 날 때마다 인도네시아를 비롯한 세계 각국에서 오랑우탄의 생태에 대해서 그리고 멸종 위기에 대해서도 강의를 계속했고 마침내 1986년 국제오랑우탄재단을 로스앤젤레스에 설립하게 된다. 그녀의 노력으로 탄중 푸팅은 이제 인도네시아 국립공원이 되어 오랑우탄 보호지역이 되었다.

<그림 6> 골디카스와 오랑우탄

현재 국제오랑우탄재단은 영국과 호주 그리고 인도네시아에 지부를 두고 있는 세계적인 오랑우탄 보호 기구가 되었다.

1996년부터 98년까지 골디카스는 오랑우탄을 보호하기 위한 인도네시아 임업부 특별자문관으로 일했으며, 1997년 오랑우탄 보호운동에 대한 공로를 인정받아 인도네시아 정부로부터 칼파타루(Kalpataru) 상을 수상하기도 했다.

현재 오랑우탄은 심각한 멸종위기에 처하고 있다. 특히 오랑우탄 서식지가 개발이라는 명분에 의해 조직적으로 파괴되면서 오랑우탄은 향후 5~10년 이내에 멸종될 가능성이 높은 것으로 전망되고 있다. 오랑우탄을 보호하기 위한 골디카스의 전쟁은 여전히 계속되고 있다.

4. 피터 싱어와 탐 리건

생명공학의 급속한 발전은 유인원 입장에서는 대규모의 임상

실험도구로의 전락이다. 그렇지 않아도 자연파괴에다 밀렵으로 멸종 위기가 다가오고 있는 시대에 영장류의 급속한 실험 필요성은 아예 이들의 씨를 말릴 수도 있는 것이다. 인간의 희귀병, 불치병을 치료할 수 있는 희망을 찾았지만 유인원에겐 지구상에서의 마지막 날을 향하는 새로운 불행의 시작일 수도 있을 것이다.

특히 한국은 동물실험에 관한 한 전 세계적으로 악명 높은 곳으로 알려져 있다. 사례를 들어보자. 어느 TV의 9시 메인 뉴스 담배가 해롭다는 얘기를 하고 싶었든지 담배 한 개비당 들어있는 1mg의 니코틴을 쥐에게 주사한 장면이 방송되었다. 그랬더니 쥐는 30초 만에 경련을 일으키다 죽는 장면이 여과 없이 방영되었다.

한국은 전세계 과학자들로부터 '동물실험의 천국'으로 불리는 곳. 법률의 제재를 거의 받지 않는 데다 국민 대다수도 동물실험에 대해 거의 반응을 보이지 않는다. 물론 민간 동물보호기구가 활동을 하지만 역부족이다.

그건 국제적 원칙이 완전히 무시되는 현실을 만들어낸다. 가능하면 동물 실험 이외의 다른 방법을 찾을 것(Replacement), 실험동물의 고통 최소화(Refinement) 그리고 실험횟수를 대폭 줄일 것(Reduction)의 이른바 3R 원칙은 실험실에서 철저히 무시된다고 한다.

물론 한국에도 '동물보호법'이 있다. 제10조 1항은 동물에게 실험을 할 경우 가능한 한 고통을 주지 않아야 한다고 되어 있다. 2항에서는 동물실험을 했을 경우 반드시 그 동물을 조사한 뒤 고통이 계속될 경우 고통을 줄일 의무가 있다는 점을 지적하고 있다.

동물실험에 관한 3R 원칙을 확인하는 것이긴 하나 너무 총론적이고 원론적이어서 실제로 동물실험에 영향을 주지 못하고 있다. 물론 식품의약품안전청에서 '실험동물 사용 및 사육관리 규정'은 훨씬 더 구체적인 조항을 두고 있지만 이는 식품의약품안전청과 국립독성연구원에서 행하는 실험동물에만 제한되어 있는 상태다.[9)]

결국 복제동물이나 신약개발은 바로 이와 같은 동물에 대한 무차별적 임상실험이라는 희생 위에 이뤄진 것이다. 월간 『신동아』, 2003년 12월호 특별취재[10)]에 의하면 국내에서 실험용으로 죽어가는 동물은 연간 400만 마리로 추산된다. 한국의 실험동물 생산능력은 연 2,000만 마리 수준이다. 세계적으로 2억 마리의 동물이 실험용으로 죽는다고 한다. 게다가 연 400만 마리로 추정되는 실험동물 통계도 추정일 뿐이다. 동물실험이 이뤄지는 방법, 장소, 죽은 동물의 폐기방법조차 제대로 된 조사는 없다. 동물보호론자들의 주장은 실험을 하지 말라는 것이 아니라 윤리적인 실험을 하라는 것이다.

미국은 이미 20세기 초에 실험동물 복지 제도를 완비해 놓고

---

9) 권복규, 『생명윤리와 법』, 이화여자대학교 출판부, 2005, p.192.
10) 강지남, 「인간 위해 몸 바치는 실험동물들-약물중독, 피부괴사, 장기적출로 고통 받다 안락사 운명」, 『신동아』, 2003년 12월호, pp.390~399.

있으며 유럽도 2000년에 동물실험을 거친 화장품 판매를 전면 금지했다. 그러나 한국은 이종장기개발을 국책사업으로 추진하는 등 생명공학에 대한 기술발전을 추진하고 있어 동물권 보호에는 미흡하다는 지적이 많다.

'동물 해방(Animal Liberation)'이라는 이론적 토대를 제공한 선구자는 호주 출신의 공리주의 철학자인 피터 싱어(Peter A.D. Singer) 교수(프린스턴 대, 1946~). 그는 영국의 공리주의[11]에 이론적 토대를 두고 있다.

싱어 교수는 1973년에 쓴 논문「동물해방(Animal Liberation)론」에서 공리주의에 입각한 동물의 권리를 선언함으로써 20세기 후반 동물보호운동의 선구자가 되었다. 싱어에 따르면[12] 평등의 원리는 지성과 능력이 아니라 "고통에 대한 동등한 배려"라는 것이다.

이런 관점에서는 '만물의 영장'이라는 인간조차 다른 동물에 대해 특권적인 존재로 취급될 수 없으며 동물에 대해서는 고통도 동등한 배려를 해야 한다는 지적이었다. 특히 인간의 동물학대가 계속되는 가장 근본적인 이유는 바로 인간의 육식이라는 게 그의 견해이다. 고기를 먹기 위해 야만적인 생산방식과 축산

---

11) 공리주의 철학이란 행위의 기준을 '최대다수의 최대행복(the greatest happiness of the greatest number)', 즉 사회의 최대다수 구성원의 최대한의 행복을 구하는 데에 두는 윤리철학이다. 이는 제레미 벤담(Jeremy Bentham)이 주창한 뒤 J. S. 밀 부자(父子)에 의해서 계승되었다.

12) 싱어 교수의 논의는 Peter Singer, "All Animals Are Equal", in Tom Regan & Peter Singer eds., *Animal Rights and Human Obligations*, New Jersey: Prentice-Hall, 1989, pp.148~162.

기술을 묵인해 왔다는 거다. 따라서 인간은 육식을 중단할 의무가 있다는 게 싱어 교수 논지의 핵심이기도 하다.

<그림 7> 피터 싱어

싱어 교수는 또 백인이 흑인을 차별하는 인종차별주의나 인간이 다른 종류의 동물을 학대하는 '종 차별주의'가 다를 게 없다는 입장이다. 따라서 동물 해방론은 비인간 동물에 대한 인간의 폭압(tyranny)을 어떻게 제거할 것이냐의 문제이며 그 해결책은 바로 인간과 동물은 각각의 고통을 비교 검토할 필요성이 있다는 것이다.

종간의 평등은 고통에 대한 동등한 배려라는 앞서의 논지가 주목받는 이유다. 특히 싱어 교수는 인간과 가까운 유인원에 대한 동물 실험은 마땅히 제외되어야 한다고 주장하기도 했다.

인간이 인권을 가지듯 동물도 자신의 권리를 가지고 있다는 '동물권'의 개념은 미국 노스캐롤라이나 주립대의 탐 리건(Tom Regan) 교수의 주장이다.[13] 리건은 이 논문에서 "동물을 인간의

13) Tom Regan, "THE CASE FOR ANIMAL RIGHTS", 앞의 책. 이 논문은 널리 알린다는 저자의 취지에 따라 인터넷 http://www.webster.edu/~corbetre/philosophy/animals/regan-text.html에서도 볼 수 있다.

자원, 혹은 인간을 위한 먹을거리, 돈과 스포츠를 위해 악용되어도 된다는 생각이 근본적으로 잘못되었다."고 지적하고 있다.

<그림 8> 탐 리건

여론의 흐름도 일단 미국과 유럽만 놓고 보면 동물 실험에 대한 일반 지지도가 현저히 줄어들고 있는 게 추세다. 예컨대 한 실험 결과에 의하면 1985년 미국인 응답자의 63%가 "인간의 건강문제에 관한 새로운 정보를 생산한다면 과학자들에게 개와 침팬지와 같은 동물에 대해 고통과 상해를 입히는 연구를 허용해야 한다"는데 동의했으나 1995년에는 53%로 줄어들었다고 한다.

이 때문에 동물보호론자들과 생명공학시대 실험동물을 절대적으로 필요로 하는 과학자들과의 갈등과 긴장도 더욱 높아지고 있다. 예컨대 독일 브레멘대학교 뇌연구소(Brain Research Institute)의 신경과학자 안드레아스 크라이터(Andreas Kreiter) 교수연구팀은 2년 이상 동물보호운동가들의 공격과 협박의 표적이 되어왔다.

독일 프랑크푸르트 소재 막스플랑크 뇌연구소(Max Planck Institute for Brain Research) 소장 볼프 싱거(Wolf Singer)도 공개위협의 표적이 되고 있다. 영국 옥스퍼드 대학에서 뇌의 발달과 인식을 연구하기 위해 연구동물을 사용하는 생리학자 콜린 블레이크모어(Colin Blakemore) 역시 동물보호단체의 표적이다. 물론 미국도 예외가 아니다. 동물보호단체는 미국에서 영장류를 임상실험에 활용하는 87명의 과학자들에게 경고를 계속하고 있는 상황이다.

이런 분위기 때문에 서구 각국은 실험동물의 사용량을 줄이려는 노력을 줄기차게 해왔고 또 성과를 거두기도 했다. 우리나라도 이와 같은 국제 분위기에다 국내 동물보호단체의 노력에 힘입어 동물보호에 점차 나서고 있기도 하다.

특히 2007년에는 동물보호법개정안이 국회를 통과해 발효되었다. 이 개정안 가운데 동물시험과 관련해서는 이들 동물을 보호하고 윤리적 취급을 장려하기 위해 대통령이 정하는 동물실험시설에는 동물윤리위원회를 두도록함으로써 무분별한 동물실험을 억제하는 한편 실험동물을 윤리적으로 취급할 수 있도록 했다.[14)]

또 2009년 11월에 식품의약품안전청 식품의약품안전평가원이 ≪한국 동물대체시험법검증센터(KoCVAM)≫를 설립했다. 동물대체시험이란 안전성 평가에 사용되는 동물을 세포나 하등동물로 대체해 평가하는 최첨단 시험법. 화장품 안전성평가를 비롯해 B형 간염백신 등 생물의약품 검정에도 활발하게 적용되고 있다.

14) 이에 대해서는 이현경, 「실험동물 복지시대 열리나-국내 동물보호법 개정안 통과해」, 『과학 동아』, 2007년 2월호 참조

특히 동물 대신 인간배양세포를 이용한 피부자극대체시험법, 토끼 대신에 도축장에서 버려지는 소각 막을 이용한 안자극대체시험법 등 동물을 대체하거나 동물 수를 줄이는 시험법 등을 국내에 도입할 예정이다.[15)]

그러나 아직까지도 동물보호와 동물실험에 대한 문제점에 대해 보통 사람들의 인식은 낮다고 할 수 있다. 한국을 방문한 제인 구달박사가 2004년 11월 동물실험에 대한 경고를 하면서 "우선 한국 사람들이 어떤 일이 벌어지고 있는지 제대로 모르는 상태일지도 모른다는 점이 가장 우려스럽다."고 지적했다.

법적이고 제도적인 개선이 조금씩 이뤄지고 있지만 일반인들의 관심이 대폭 늘어나지 않으면 동물에 대한 권리는 언제든지 박탈될 수 있는 게 바로 한국의 현실이다.

아직 한국에서는 유럽이나 미국, 그리고 일본과는 달리 여러 제약 때문에 영장류연구는 이제 시작단계이다. 2004년 한국공학 생명연구원 부속기관으로 국가영장류센터를 설립해놓고 있다.[16)]

현재 센터에는 필리핀원숭이, 일본원숭이, 바분원숭이 등 원숭이를 중심으로 에이즈, 세포치료, 장기이식 등을 연구하고 있다. 유인원 연구에는 아직 본격 돌입하지는 못하고 있는 상태이다.

그러나 우리는 오랜 기간 동물들과의 접촉에서 동물의 권리에 대해 여전히 무관심한 태도를 많이 보이고 있는 것도 사실이

15) 뉴스와이어, "식약청, 국내 동물대체시험법 발전에 새 장을 열다."
http://media.daum.net/press/view.html?cateid=1065&newsid=20091030144927235&p=newswire

16) 국가영장류센터 홈페이지는 http://www.primate.re.kr/

다. 한국에서 유인원은 동물실험의 대상이기보다는 단순히 동물원에서 볼 수 있는 존재이지만 인간과 같은 종인 유인원을 보호하는 길에 동참해야 하며 그것은 동물을 반려의 존재로 여기며 함께 살아가는 방식을 익히는 것이다.

에필로그: 인간과 유인원, 공존을 위해

우리는 지금까지 인간의 역사에 끌려온 유인원의 모습을 살펴보았다. 유인원은 과거에 그랬던 것처럼 미래에도 우리 인간의 가장 가까운 곳에 존재할 것이다. 물론 그들이 멸종하지 않고 계속 이 땅에 머물러 있을 때 그렇다는 얘기이다.

유인원의 멸종위기에 대한 과학적인 설명들은 너무도 명백하다. 무자비한 밀렵에다 무분별한 포획도 있지만 그들이 살고 있는 숲 자체가 없어지고 있기 때문이다. 더 근본적인 원인도 있다. 그것은 바로 '인간은 만물의 영장'이며 '이 지구의 유일한 주인'이라는 교만이다.

만물의 영장으로서 지구문명을 주도해온 인간은 정말 많은 것을 이뤄왔다. 물질적 풍요와 인간 해방, 과학 기술의 경이적인 발전 등 이루 헤아릴 수조차 없다. 우리가 사는 세상은 늘 균형의 세상이다. 얻은 게 있으면 그만큼 잃은 것도 있다.

우리 인간은 발전과 진보를 이뤄왔던 만큼 또한 많은 것을 잃어버려왔다. 그러나 우리 인간은 그것을 쉽게 인정하려 하지 않는다. 인간문명이 발전해왔던 만큼 자연은 파괴되었고 인간의 친구 유인원도 이제 벼랑 끝에 서 있게 된 것이다.

생태환경운동가 존 저잔(John Zerzan)은 문명화의 폐해를 다룬 도전적인 책 『문명에 반대한다』에서 "자연과 '인간본성'의 동반 파괴가 자명하다."고 했다.[1] 자연을 파괴하는 과정 자체가 결국은 우리 인간의 모습을 스스로 파괴해온 것임을 분명히 지적한 것이다.

경제와 과학의 발전을 통해 경이로운 진보를 해왔지만 파괴의 수단 역시 비약적으로 발전해왔다. 자연 파괴, 인간성 상실, 물신주의, 전쟁, 홀로코스트, 테러, 억압과 착취, 거짓말, 권력화, 이성의 도구화 등이 그런 것들이라는 게 문명 비판론자들의 지적이다.

인간의 교만이 얼마나 근시안적인지도 우리는 알 수 있다. 제인 구달 박사는 2010년 사라져가는 동물 보호를 전 세계에 호소하는 내용의 새 저서 『희망의 자연』 한국어판 발행을 기념해 한국을 방문한 자리에서 이런 말을 했다.

"인간은 지구상에서 걸어 다니는 생명체 가운데 가장 똑똑한데 어떻게 이 세상을 망가뜨릴 수 있는지 의문이 들었다. 오늘날 사람들은 지혜를 잊은 것 같다. 오늘 내가 하는 일이 장차 몇 세대에게 어떤 영향을 미칠지 감안해 결정을 내리는 게 지혜인

---

1) 존 저잔 편, 정승현 역, 『문명에 반대한다-인간, 생태, 지구를 생각하는 세계 지성 55인의 반성과 통찰』, 와이즈북, 2009, p.10.

데, 당장 나한테 어떤 영향을 줄 것인지만 생각해 결정을 내린다."고 지적했다.[2)]

구달은 이 책에서 자신이 왜 숲을 떠나 멸종동물을 보호하기 위해 전세계를 다니게 되었는지 고백하고 있다. 그는 1986년 과학자 입장에서 "침팬지 이해하기"란 세미나에 참석했다. 아프리카의 현장에서 연구하는 이들이 모인 회의였다.

"그 세미나는 나의 잠을 깨운 자명종이었다. 나는 원래 과학자로 그 회담에 갔고, 어디까지나 현장 연구를 하여 얻은 자료를 분석하고 발표하는 내 본업을 계속할 작정이었다. 하지만 회담장에서 나오는 길에 나는 침팬지들과 사라져가는 숲 집을 지키는 사람이 되어 있었다. 지금은 침팬지들을 돕기 위해 현장을 떠나야 할 때임을, 사람들의 경각심과 희망을 일깨워 적어도 그 파괴를 일부라도 멈추는 데 온 힘을 다해야 할 때임을 깨달았기 때문이다."[3)]

구달은 또 호소하고 있다. '살아 있으면 희망이 있다.'는 오래된 격언을 인용하면서 "우리는 아이들을 생각해서라도 절대로 포기할 수 없으며, 그나마 남은 것을 구하기 위해 계속 싸워야

2) 2010년 9월 28일 제인 구달의 기자회견
http://media.daum.net/culture/others/view.html?cateid=1026&newsid=20100928195106668&p=segye

3) 제인 구달·세인 메이너드·게일 허드슨, 김지선 역, 『희망의 자연』, 사이언스북스, 2010, pp.31~32.

한다."고[4] 말이다.

우리가 싸워야 할 대상은 결국 우리 자신의 욕심과 이기심이다. 인간문명이 기대어 온 '인간은 만물의 영장'이라는 허상과도 싸워야 한다. 인간의 교만은 사랑을 빼앗고 파괴의 동력으로 급변하기 때문이다.

일생을 고릴라 보호에 앞장서다 살해당한 다이안 포시의 묘비에는 "그 누구보다 고릴라를 사랑했던……."이라는 미완성 글귀가 새겨져 있다. 그리고 그녀는 살아생전 그 누구보다도 사랑했던 고릴라 '디지트'와 함께 잠들어 있다.

다이안 포시가 맞서 싸웠던 것도 바로 인간의 교만이었다. 내가 살기 위해 동물인 고릴라를 살해할 수 있다는 인간의 교만과 맞서 싸운 것이다.

우리 인간은 이제 구달과 포시가 내준 숙제를 한 아름 안고 있는 셈이다. 우리가 살고 있는 이 세상을 지켜 후손에게 물려주어야 한다. 그렇게 하려면 우리는 "그 누구보다 이 지구를 사랑했던"이라는 말을 자신의 묘비에 새길 각오를 해야 한다.

내 주변의 환경을 보호하고 지키는 작은 노력이 결국엔 아름다운 지구를 만들 것이며 그것이 바로 우리의 영원한 친구이자 동생인 유인원을 지키는 사실임을 깨달아야 할 때다. 유인원들이 모두 지구를 떠날 때 인간도 이 지구를 영원히 떠나게 될 것이 분명하기 때문이다. 자연을 지키고 우리의 친구 유인원을 계

---

4) 앞의 책, p.36.

속 살아가도록 만드는 그 근본은 내 안에 있는 또 다른 자아 바로 교만과 맞서 싸우는 것이다.

인간과 그 자아 안에 똬리를 틀고 있는 교만과의 싸움은 역사의 처음부터 이미 시작되었다. 고대 그리스인들이 가장 가고 싶었던 성지(聖地)는 델포이(Delphi) 신전이었다고 한다. 누군가가 문제를 가져오면 신관을 통해 영험한 신전의 주인 아폴론이 대답을 해 주었으니 수많은 사람이 그 성지를 찾았다.

신관으로부터 신탁의 대답을 들은 뒤 신전을 나오면 그 앞 기둥에 두 개의 경구가 새겨져 있었다.[5)]

"너 자신을 알라(Know Thyself)."
"뭐든 지나치게 하지마라(Nothing in excess)!"

그리스의 위대한 철학자들은 이 신전을 드나들며 이 경구를 그냥 지나치지 않고 자신의 화두로 삼았다. 철학이 여기에서 출발했다. 그렇다. 인류의 생각주머니를 키운 건 바로 누구나 다 아는 걸 지나치지 않고 곱씹어 보는 사람의 몫이다.

---

5) 이 귀중한 소식을 우리에게 전해 준 이는 여행가였으며 또 지질학자이기도 했던 파우사니아스(Pausanias)다. 기원후 2세기경 그리스 곳곳을 여행하면서 기록을 남겼고 나중에 『그리스 이야기 Description of Greece』란 책으로 엮었다. 그 기록이 지금까지 살아남아 고대 그리스 세계의 실상 그리고 위대한 철학자들의 삶의 실제 모습을 전해주었다. Pausanias, W. H. S. Jones (trans.), Description of Greece I-II, Loeb Classical Library, January 1, 1918. 이 책의 전체 내용은 인터넷 http://www.theoi.com/Text/Pausanias1A.html에서 전문을 볼 수 있다.

인간의 문명에 끌려온 유인원들이 우리 인간들에게 해 주고 싶은 말도 그 신전의 기둥에 있는 말일 게 분명하다.

"인간들이여! 여러분 자신을 아시오!"

"인간들이여! 뭐든 지나치게 하지 마시오!"

✤ 참고문헌

· 단행본

제인 구달, 박순영 역, 『희망의 이유』, 궁리출판사, 2001.

제인 구달, 최재천 외 역, 『인간의 그늘에서: 제인 구달의 침팬지 이야기』, 사이언스북스, 2001.

제인 구달 · 게리 매커보이 · 게일 허드슨, 김은영 역, 『희망의 밥상』, 사이언스북스, 2009.

제인 구달 · 세인 메이너드 · 게일 허드슨, 김지선 역, 『희망의 자연』, 사이언스북스, 2010.

권복규, 『생명윤리와 법』, 이화여자대학교 출판부, 2005.

존 그리빈, 최주연 역, 『과학의 역사 2(화학, 지구과학, 생물학)』, 에코리브르, 2005.

프란스 드 발, 이충호 역, 『내 안의 유인원』, 김영사, 2005.

만프레트 라이츠 지음, 이현정 역, 『중세 산책-성에 살던 중세인 들의 꿈과 일상』, 플래닛미디어, 2006.

버트 B. 라이시, 형선호 역, 『슈퍼 자본주의』, 김영사, 2008.

리처드 리키, 오영근 역, 『화석인간의 꿈』, 연세대학교 출판부, 1987.

만프레드 바우어 외, 이영희 역, 『인류의 오디세이』, 삼진기획, 2003.

칼 세이건, 『잃어버린 조상의 그림자』, 고려원 미디어, 1995.

엄금용, 『위성통신』, 기전연구사, 2005.

존 저잔 편, 정승현 역, 『문명에 반대한다.-인간, 생태, 지구를 생각하는 세계 지성 55인의 반성과 통찰』, 와이즈북, 2009.

최성욱, 『미국이 감추고 싶은 비밀 50가지』, 미래를 소유한 사람들, 2007.

피지올로구스 지음, 노성두 역, 『피지올로구스-기독교동물상징사전』, 미술문화, 1999.

로빈 쿡, 김원중 역, 『6번 염색체』 1·2권, 열림원, 2000.

마이클 크라이턴, 김영만 역, 『콩고』, 큰나무, 1995.

편집부 편, 『공동번역 성서』(개정판), 대한성서공회, 1999.

Aristotle, William Ogle(trans.), *Historia Animalium,* in http:// www. non-contradiction. com /ac_works_b21.asp

Cicero, Francis Brooks(trans.), *De Natura Deorum(On the Nature of the Gods)*, London: Methuen, 1896.

Dian Fossey, *Gorillas in the Mist*, Houghton Mifflin Company, 1983.

Roger Fouts, *Next of Kin: My Conversations with Chimpanzees*, New York: Harper, 1998.

The Holy Bible: English Standard Version, Crossway Bibles, 2003.

The Holy Bible: King James Version, Kindle, 2009.

Edward Hooper, *The River: A Journey Back to the Source of HIV and AIDS*, Boston: New York, Little, Brown and Company, 2000.

Winthrop Kellogg & Luella Kellogg, *The Ape and the Child*, New York: Hafner Publishing Company, 1967.

Pausanias, W. H. S. Jones (trans.), *Description of Greece I-II,* Loeb Classical Library, January 1, 1918.

Tom Regan & Peter Singer eds., *Animal Rights and Human Obligations*, New Jersey: Prentice-Hall, 1989.

George B. Schaller, *The Year of the Gorilla,* Chicago: The University of Chicago Press, 1997.

Lewis Spence(trans.), *The Popol Vuh-The Mythic and Heroic Sagas of the Kichés of Central America*, London: David Nutt, 1908/ or www.sacred-texts.com/nam/maya/pvgm

· 잡지

강지남, 「인간 위해 몸 바치는 실험동물들-약물중독, 피부괴사, 장기적출로 고통 받다 안락사 운명」, 『신동아』, 2003년 12월호

이현경, 「실험동물 복지시대 열리나-국내 동물보호법 개정안 통과해」, 『과학 동아』, 2007년 2월호

Rian Malan, "AIDS in Africa. In Search of the Truth", The Rolling Stone, November 22, 2001.

· 인터넷 자료

Emory University Health Sciences Center, "Progressor chimpanzees could reveal mechanism for resisting AIDS." in http://www.eurekalert.org/pub_releases/2000-09/EUHS-Pccr-1209100.php

Beatrice Hahn, "Increased mortality and AIDS-like immunopathology in wild chimpanzees infected with SIVcpz", in http://www.nature.com/nature/journal/v460/n7254/full/nature08200.html

Jeff Hecht, "Chimps are human, gene study implies", *New Scientist* 2003년 5월 19일자. 온라인 뉴스 http://www.newscientist.com/article/dn3744

Alec MacAndrew, "FOXP2 and the Evolution of Language", in http://www.evolutionpages.com/FOXP2_language.htm

Ronald Reagan's letter to the American people in http://www.alz.co.uk/media/reaganletter.html

John Roach, "Tarzan's Cheetah's Life as a Retired Movie Star", for National Geographic News May 9, 2003, in http://news.nationalgeographic.com/news/2003/05/0509_030509_cheeta.html

김성진

고려대학교 영문학과와 동 대학원 정치외교학과를 졸업했다. 공산주의 체제가 붕괴되던 시기 헝가리 국립 과학원(Hungarian Academy of Sciences)으로 유학, 현장에서 동유럽 공산주의체제 전환을 연구했다. 고려대학교 아세아문제연구소 선임연구원, 중앙일보 외교전문 기자를 거쳐 현재 동덕여자대학교 교양교직학부 교수로 재직하고 있다.

지은 책으로는 『벼랑에 선 사람들』, 『발칸분쟁사』, 『부다페스트』, 『유럽통합과 신유럽안보질서』(공저), 『테러 탄저병』(전2권), 『야만의 시대-영화로 읽는 세계 속 분쟁』, 『박정희』, 『리콴유-작지만 강한 싱가포르 건설을 위해』, 『조지 소로스』, 『독재자 리더십』, 『작지만 강한 나라를 만든 사람들』 등이 있다.

인간과 소통한 유인원

초판 1쇄 인쇄 • 2010년 11월 15일
초판 1쇄 발행 • 2010년 11월 22일

저 자 • 김성진
발행인 • 박성복
발행처 • 도서출판 월인
서울특별시 강북구 수유2동 252-9
등 록 • 제6-0364호
등록일 • 1998년 5월 4일
전 화 • (02) 912-5000
팩 스 • (02) 900-5036
www.worin.net

ISBN 978-89-8477-479-7 03400

값 9,500원